Poder e influencia

SERIE INTELIGENCIA EMOCIONAL DE HBR

Serie Inteligencia Emocional de HBR

Cómo ser más humano en el entorno profesional

Esta serie sobre inteligencia emocional, extraída de artículos de la *Harvard Business Review*, presenta textos cuidadosamente seleccionados sobre los aspectos humanos de la vida laboral y personal. Estas lecturas, estimulantes y prácticas, ayudan a conseguir el bienestar emocional en el trabajo.

Mindfulness
Resiliencia
Felicidad
Empatía
El auténtico liderazgo
Influencia y persuasión
Cómo tratar con gente difícil
Liderazgo (Leadership Presence)
Propósito, sentido y pasión
Autoconciencia
Focus
Saber escuchar
Confianza
Poder e influencia
IE Virtual
Energía y motivación
Buenos hábitos
Inclusión
Perseverancia
Gestiona la ansiedad
Curiosidad
Seguridad psicológica
Positividad y crecimiento
Cómo controlar el pensamiento excesivo

Otro libro sobre inteligencia emocional de la *Harvard Business Review*:

Inteligencia Emocional, 3ª edición

Poder e influencia

SERIE INTELIGENCIA EMOCIONAL DE HBR

Reverté Management
Barcelona · México

Harvard Business Review Press
Boston, Massachusetts

Poder e influencia
Serie Inteligencia Emocional de HBR
Power and Impact
HBR Emotional Intelligence Series

Loreto 13-15, Local B. 08029 Barcelona - España
revertemanagement.com

Edición en papel
ISBN: 978-84-17963-09-5

7ª impresión: julio 2025

Edición ebook
ISBN: 978-84-291-9556-9 (ePub)
ISBN: 978-84-291-9557-6 (PDF)

Editores: Ariela Rodríguez / Ramón Reverté
Coordinación editorial y maquetación: Patricia Reverté
Traducción: Betty Trabal
Revisión de textos: Genís Monrabà Bueno

Impreso en España - *Printed in Spain*
Depósito legal: B 5559-2020

Impresión: Liberdúplex
Barcelona - España

33

Contenidos

Poder e influencia

SERIE INTELIGENCIA EMOCIONAL DE HBR

1

No dejes que el poder te corrompa

Dacher Keltner

En los estudios sobre el comportamiento que he realizado durante los últimos veinte años he descubierto un modelo preocupante y es que, a pesar de que las personas consiguen el poder gracias a cualidades y conductas que favorecen los intereses de los demás, como son la empatía, la colaboración, la transparencia, la imparcialidad y la generosidad, en cuanto empiezan a sentirse suficientemente poderosas y disfrutan de una posición privilegiada, esas cualidades empiezan a desaparecer. Los que ostentan el poder son más propensos a mostrar comportamientos irrespetuosos, egoístas y poco éticos. El historiador y político del siglo XIX, Lord Acton, afirmó: el poder *tiende* a corromper.

Este fenómeno que denomino «la paradoja del poder» lo he estudiado en numerosos entornos: en las universidades, en el senado de Estados Unidos, en los equipos deportivos profesionales, y en una gran variedad de entornos profesionales. En cada uno de ellos he comprobado que la gente asciende de nivel gracias a sus buenas cualidades, pero que, aun así, sus comportamientos empeoran significativamente conforme van ascendiendo. Este cambio sucede sorprendentemente rápido. En uno de mis experimentos, conocido como el estudio «del monstruo de las galletas», agrupé a varias personas en grupos de tres y les asigné a cada uno de ellos una posición de liderazgo al azar. Más tarde, les di una tarea para escribir. Cuando llevaban media hora trabajando coloqué enfrente de cada equipo una bandeja con cuatro galletas recién horneadas, una para cada miembro del equipo y una extra. En todos los grupos cada una de las personas integrantes tomó una galleta y por cortesía dejaron la galleta extra. La pregunta era: ¿quién se comerá una segunda galleta sabiendo que los demás no van a poder hacerlo? Casi siempre fue la persona que había sido nombrada líder del grupo. Además, los líderes solían comer con la boca abierta, relamiéndose los labios y tirando migas.

Los estudios demuestran que la riqueza y las acreditaciones tienen un efecto similar. En otro experimento, Paul Piff de la Universidad de California en Irvine y yo, descubrimos que mientras que los conductores de coches menos caros *siempre* respetan el derecho de paso de los peatones en los ceda el paso, la gente que conduce coches lujosos solo lo hace el 54 % de las veces: casi la mitad de las veces ignoran a los peatones y desobedecen las normas. Los estudios realizados a empleados de veintisiete países revelan que las personas adineradas son más proclives a decir que los comportamientos poco éticos, como aceptar sobornos o evadir impuestos, son aceptables. Y un estudio reciente realizado por Danny Miller de la HEC de Montreal ha demostrado que los consejeros delegados con MBA suelen mostrar más frecuentemente comportamientos interesados que incrementan su remuneración personal, pero reducen el valor de sus compañías.

Todos estos descubrimientos indican que los abusos de poder simbólicos —la contabilidad fraudulenta de Jeffrey Skilling en Enron, los bonos ilegales del director general de Tyco, Dennis Kozlowski, las fiestas bunga-bunga de Silvio Berlusconi o la evasión de impuestos de Leona Helmsley— son ejemplos extremos del tipo de comportamientos erróneos a los que son vulnerables todos los líderes de cualquier rango. Los estudios demuestran que la gente que ocupa puestos de poder es tres veces más propensa a interrumpir a sus compañeros, ocuparse de otras tareas durante las reuniones, levantar la voz y decir cosas insultantes en el despacho. Además, mis estudios, entre otros muchos, indican que la gente que acaba de conseguir un puesto de liderazgo es especialmente vulnerable a perder sus virtudes.

Las consecuencias son de gran alcance. El abuso de poder acaba empañando la reputación de los ejecutivos y socavando sus oportunidades de influencia.

También crea ansiedad y estrés entre los compañeros, disminuyendo el rigor y la creatividad del grupo y mermando la implicación y el rendimiento de sus miembros. En una encuesta reciente a ochocientos directores y empleados de diecisiete industrias, casi la mitad de los encuestados que admitieron que en el trabajo los habían tratado de forma grosera, afirmaron que como respuesta a este maltrato habían reducido a propósito sus esfuerzos y la calidad de su trabajo.

¿Podemos evitar caer en la paradoja del poder? Sí, a través de la conciencia de uno mismo y de la acción.

Es necesario reflexionar

Lo primero que has de hacer es aumentar la conciencia de ti mismo. Cuando aceptes un puesto de liderazgo, presta atención a los sentimientos que provocan en ti tu nueva situación y los cambios de tu comportamiento. Mis estudios demuestran que el poder nos induce una especie de estado maníaco que nos hace sentir expansivos, enérgicos, omnipotentes, ávidos de recompensas e inmunes al riesgo, que nos expone a acciones imprudentes, irrespetuosas e inmorales. Pero los nuevos estudios sobre la neurociencia han descubierto que simplemente reflexionando sobre estos pensamientos y emociones («Vaya, en este momento me siento como si fuese capaz de dirigir el mundo») ponemos en marcha unas regiones de los lóbulos frontales que nos ayudan a controlar nuestros peores impulsos. Si conseguimos reconocer y etiquetar los sentimientos de alegría y de confianza, seremos capaces de evitar las decisiones irracionales que estos sentimientos nos inducen a tomar. Si reconocemos los sentimientos de frustración (quizá porque nuestros subordinados no actúan como nosotros queremos), probablemente, no responderemos de forma conflictiva.

La práctica diaria del *mindfulness* te puede ayudar a desarrollar este tipo de conciencia de ti mismo. Una de estas prácticas consiste en sentarse en un lugar cómodo y tranquilo, respirar profundamente y concentrarse en la inspiración y expiración, en las sensaciones físicas o en los sonidos y vistas de tu entorno. Los estudios demuestran que si dedicas unos minutos al día a hacer ejercicios de este tipo conseguirás estar más tranquilo y concentrado. Por este motivo, actualmente, se están enseñando estas técnicas en los programas de formación de empresas como Google, Facebook, Aetna, General Mills, Ford y Goldman Sachs.

También es importante que reflexiones sobre tu actitud y tus acciones. ¿Interrumpes a la gente? ¿Miras el teléfono cuando otros te están hablando? ¿Cuentas chistes o relatos que avergüenzan o humillan a los demás? ¿Gritas en la oficina? ¿Te adjudicas el mérito de un trabajo de equipo? ¿Te olvidas del nombre de tus compañeros? ¿Estás gastando mucho más dinero que antes o asumiendo riesgos físicos inusuales?

Si tu respuesta a algunas de estas preguntas es afirmativa, tómalo como una señal de alerta: las demostraciones arrogantes de poder te están tentando. Algo que a ti te puede parecer inofensivo, seguramente no lo es para tus subordinados. Piensa en este caso que me contaron recientemente sobre el protocolo que se seguía para repartir la comida en la redacción de una televisión por cable. Cada día, cuando llegaban los bocadillos del equipo, se repartían entre los redactores por orden de jerarquía. Al no corregir este comportamiento, los líderes del grupo estaban disminuyendo el potencial creativo y participativo. Podemos contrastar esta costumbre con la de los comedores militares, donde, como dice el especialista en etnografía y escritor Simon Sinek en su libro *Leaders Eat Last*, ocurre lo contrario. Los oficiales respetan la política de no ceder su autoridad, pero muestran respeto a sus tropas.

Practicar la gentileza

Tanto si has empezado a sucumbir a la paradoja del poder como si no, deberías esforzarte en recordar y repetir los comportamientos virtuosos que te han ayudado a prosperar. En mis clases de formación para ejecutivos y otras personas que ocupan puestos de poder, me concentro en tres prácticas esenciales que son la empatía, la gratitud y la generosidad, que son las que sostienen el liderazgo benevolente hasta en los entornos más implacables.

Por ejemplo, Leanne ten Brinke, Chris Liu, Sameer Strivastava y yo hemos descubierto que los senadores estadounidenses que utilizan expresiones faciales y tonos de voz empáticos al hablar consiguen que se aprueben más leyes que aquellos que utilizan gestos y tonos dominantes y amenazantes en sus discursos. El estudio realizado por Anita Woolley de la Universidad Carnegie Mellon y Thomas Malone del MIT también demuestra que cuando los compañeros de un equipo muestran compresión, compromiso, interés y preocupación por los demás, el equipo es más efectivo a la hora de tratar problemas analíticos complejos.

Las pequeñas expresiones de gratitud también dan resultados positivos. Los estudios corroboran que las parejas sentimentales que reconocen el valor del otro en las conversaciones informales tienen menos tendencia a romperse, que los estudiantes que reciben una palmadita en la espalda de sus profesores suelen superar mejor los problemas difíciles y que la gente que demuestra aprecio a los demás en un grupo recién formado se siente más cohesionada al grupo meses después. Adam Grant de la Escuela de Negocios de Wharton ha descubierto que cuando los directivos dedican tiempo a dar las gracias a sus empleados, estos se sienten más comprometidos y son más productivos. Además, mi propio estudio realizado en equipos de la NBA con Michael Karus de la Universidad de Yale, demuestra que los jugadores que físicamente demuestran su agradecimiento, con palmaditas en la cabeza, abrazos y golpecitos de cadera o de pecho, motivan a sus compañeros de equipo a jugar mejor y a ganar casi dos partidos más por temporada (lo cual es estadísticamente significativo y muchas veces marca la diferencia entre jugar o no los *playoffs*).

Los actos simples de generosidad también son muy poderosos. Los estudios demuestran que los integrantes de un grupo que comparten sus cosas con los demás —por ejemplo, aportando nuevas ideas o directamente ayudándoles en otros proyectos que no sean los suyos propios— logran obtener más respeto, influencia y dotes de liderazgo. Mike Norton de la Harvard Business School ha descubierto que cuando las empresas ofrecen la posibilidad de donar dinero a organizaciones caritativas, por ejemplo, los empleados se sienten más satisfechos y productivos.

Cuando eres el jefe y el responsable de que las cosas se hagan bien, es difícil seguir siempre la ética del «buen poder». Pero no debería ser así. En cambio, puedes cultivar tu capacidad de empatía, gratitud y generosidad, implicándote en comportamientos sociales siempre que tengas ocasión de hacerlo: una reunión de equipo, una conversación o negociación con un cliente, una sesión de *feedback* de 360 grados. Aquí tienes algunas sugerencias:

Para practicar la empatía

- Haz una o dos buenas preguntas en cada intervención y parafrasea los argumentos importantes que aporten los demás.

- Escucha atentamente. Orienta tu cuerpo y tu mirada hacia la persona que está hablando y transmítele tu interés e implicación verbalmente.
- Cuando alguien te cuente algún problema, demuéstrale tu preocupación con frases como «lo siento» y «es realmente difícil». Evita juzgar y dar consejos precipitadamente.
- Antes de una reunión, piensa un momento en la persona con la que vas a estar y en lo que le está pasando.

Arturo Bejar, director de ingeniería de Facebook, es uno de los directivos que hacen de la empatía una prioridad cuando dirige a sus equipos de diseñadores, codificadores, especialistas en datos y escritores. Viéndole trabajar he podido comprobar que todas sus reuniones suelen estar estructuradas alrededor de una cascada de preguntas abiertas y que nunca deja de escuchar atentamente. Se inclina hacia la persona que está hablando y escribe todo lo que le dice en una libreta. Con estos pequeños gestos de empatía indica a sus equipos que comprende sus preocupaciones y que quiere que prosperen todos juntos.

Para practicar la gratitud

- Acostúmbrate a dar siempre las gracias cuando te comuniques con otras personas.
- Envíales a tus compañeros correos electrónicos o notas de gratitud por el trabajo bien hecho.
- Reconoce públicamente el valor que cada persona aporta al equipo, incluyendo el del personal de apoyo.
- Utiliza el gesto apropiado para celebrar los éxitos (un golpecito en la espalda, un choque de puños o un apretón de manos).

Cuando Douglas Conant era consejero delegado de The Campbell Soup Company, recalcó la cultura de la gratitud en toda la empresa. Cada día, él y su equipo directivo pasaban una hora analizando los mensajes de correo electrónico y la intranet de la compañía para ver qué empleados estaban «marcando la diferencia». Conant se ponía en contacto con ellos en persona, normalmente con una nota escrita a mano, para darles las gracias por sus contribuciones, independientemente de que fueran directivos o personal de mantenimiento. Escribía aproximadamente unas diez notas diarias, unas treinta mil durante su larga década de mandato, y dice que muchas veces las veía colgadas en los departamentos donde trabajaban los empleados. Los líderes que he formado suelen compartir otras tácticas: dar pequeños obsequios a los empleados, invitarles a comer o a cenar, organizar un evento para celebrar «el empleado del mes» y crear «muros de gratitud» reales o virtuales en los que los trabajadores pueden dar las gracias a otros por sus contribuciones.

Para practicar la generosidad

- Busca oportunidades de pasar algo de tiempo a solas con la gente que lideras.

- Delega alguna responsabilidad importante y representativa.
- Obséquiales generosamente.
- Comparte el protagonismo. Reconoce el mérito de todos los que han contribuido al éxito de tu equipo y de tu organización.

El director de Pixar, Pete Docter, domina este último punto. Cuando empecé a trabajar con él en la película *Inside Out*, tenía curiosidad por una maravilla cinematográfica que Docter había creado cinco años antes: el montaje del principio de la película *Up*, en el que el protagonista, Carl, conoce y se enamora de una chica, Ellie; luego disfruta de una larga vida casado con ella y finalmente la ve sucumbir a la enfermedad. Cuando le pregunté cómo lo había conseguido, su respuesta fue una lista exhaustiva de doscientos cincuenta escritores, animadores, actores, artistas, diseñadores, escultores, editores, programadores y modeladores informáticos que habían trabajado con él. Cuando la gente le pregunta sobre el éxito de taquilla de *Inside Out*, da una respuesta similar. Otra ejecutiva de Facebook con la que trabajé, la directora de producto Kelly Winters, reconoce de la misma manera el mérito de los demás. Cuando hace presentaciones PowerPoint o habla con los periodistas sobre el éxito de su equipo Compassion, siempre enumera o menciona los analistas de datos, ingenieros y especialistas de contenido que lo han hecho posible.

Tú también puedes evitar caer en la paradoja del poder practicando la ética de la empatía, gratitud y generosidad. A cambio, recibirás un mejor rendimiento y el espíritu de colaboración de las personas que te rodean. Además, tú también te beneficiarás de una mejor reputación, de un liderazgo prolongado y de altas dosis de dopamina fruto de promover los intereses de los demás.

DACHER KELTNER es profesor de psicología en la Universidad de California, Berkeley, y director del Greater Good Science Center. Es también autor de *The Power Paradox: How We Gain and Lose Influence*.

Reeditado de *Harvard Business Review*,
octubre de 2016 (producto #R1610K)

2

¿Cuál es tu estilo de liderazgo?

Maggie Craddock

¿Te has preguntado alguna vez si las experiencias de la infancia de una persona influyen en su manera de trabajar como profesional? ¿Crees que ese matón que intimida a los demás en las reuniones para defender su punto de vista daba empujones a sus compañeros de clase en el recreo cuando era un niño?

Tanto si estás intentando progresar en tu empresa como si estás intentando conseguir un trabajo nuevo en otra empresa, te conviene saber que muchos de tus instintos para ejercer y acatar el poder derivan de cómo te condicionó el primer sistema que experimentaste en tu vida: tu sistema familiar. En mis investigaciones para mi libro *Power Genes*, descubrí que los componentes básicos del estilo de poder de cualquier persona están basados en cómo fue condicionada para responder emocional y conductualmente a las primeras figuras de autoridad que se encontró en su vida, es decir, sus cuidadores.

Para que te hagas una idea de cómo estás emocionalmente condicionado a responder al poder en el lugar de trabajo, piensa un momento en cómo solían ejercer la autoridad tus cuidadores en tu sistema familiar. ¿Tenían en cuenta tus sentimientos o simplemente te daban órdenes que esperaban que obedecieras sin rechistar? Si fuiste educado por cuidadores que te pedían la opinión a la hora de tomar decisiones familiares importantes, probablemente reaccionarás positivamente a los compañeros que se preocupan por conectar contigo a nivel humano. Este tipo de reacción indica que la dimensión emocional de tu estilo de poder está basada en la confianza.

En cambio, la gente que fue educada por cuidadores demasiado autoritarios o demasiado permisivos cree que la dimensión emocional de su estilo de poder está basada en el miedo. Reaccionan negativamente a la creación de consenso y suelen ser líderes que trabajan independientemente y que rebozan de confianza.

Pero en tu forma de relacionarte con el poder hay otro nivel que debes explorar. La dimensión conductual de tu estilo deriva de cómo aprendiste a interactuar con tus cuidadores como una unidad para obtener lo que querías en tu infancia. ¿Era mejor un trato informal o aprendiste a tratar con ellos de una manera más formal?

Si tu experiencia en la infancia te enseñó que podías conseguir que uno de tus padres aprobara algo que el otro había rechazado, la dimensión conductual de tu estilo de poder será esencialmente informal. La gente que tiene una dimensión conductual informal fuerte en su estilo de poder prefiere influir en los demás interactuando con ellos uno a uno. Por ejemplo, aunque sepan que tienen que presentar una idea o propuesta a todo el grupo, prefieren presentar sus ideas a las personas clave en privado antes de que el grupo se reúna.

En cambio, los clientes que dicen que sus cuidadores coincidían en su manera de educarlos o recompensarlos, prefieren promover sus planes con grupos. Aquellos cuyas preferencias conductuales indican una dimensión formal de su estilo de liderazgo prefieren debatir abiertamente los asuntos controvertidos en grupo a negociar los acuerdos individualmente en privado.

Comparando las formas en que mis clientes aprendieron a adaptarse para satisfacer sus necesidades en la infancia con los retos que estos afrontan en sus trabajos actuales, podemos observar algunas tendencias importantes. Por ejemplo, Jeff, un directivo de la industria de la publicidad, estuvo a punto de ser descartado para una promoción porque su tendencia a discutir con los demás en las reuniones le hacía parecer una persona demasiado ansiosa para liderar un equipo creativo. Jeff había trabajado con coaches expertos en presentaciones, pero su imperiosa necesidad de ser escuchado aún seguía latente.

Jeff había crecido a la sombra de una hermana mayor que era una gran patinadora. Sus padres, que siempre lo habían querido y apoyado, estaban tan preocupados por la carrera atlética de su hermana que sin querer habían hecho que Jeff se sintiera ignorado. Jeff ansiaba captar y mantener la atención de sus padres. Este anhelo llevó a Jeff a crear unas campañas de publicidad que entusiasmaron a familias de todo el mundo. Cuando Jeff empezó a entender que su temor infantil de ser ignorado estaba perjudicando el tono que utilizaba en el trabajo, se convirtió en un oyente más atento y consiguió la promoción que se merecía.

El primer paso para lograr un cambio consiste en identificar tu estilo de poder. Puedes evaluar tu estilo examinando tus activadores emocionales y patrones de conducta. La mayoría de la gente se da cuenta de que su estilo de poder es una mezcla de dos o tres estilos de poder principales:

- *El complaciente.* Por culpa de los factores estresantes del entorno, los complacientes no recibieron en su infancia la atención que anhelaban de sus cuidadores. Los complacientes crecen ávidos de validación y están destinados a preocuparse por los demás. Los complacientes suelen ejercer su poder conectando con los demás a un nivel personal.

- *El encantador.* Los encantadores son los que en su infancia tuvieron que tranquilizar a un padre necesitado emocionalmente. En consecuencia, tienen poco respeto por la autoridad formal y manipulan a los demás para satisfacer sus necesidades. El estilo de poder del encantador es el que muestran aquellos que tienen una intensidad de concentración tan elevada que intimida y seduce a los demás a cumplir sus órdenes.
- *El comandante.* Por lo común, los comandantes han crecido en sistemas familiares dedicados a los deportes, la religión, el ejército o algún otro sistema que refuerza la disciplina y un código de conducta estricto. Los comandantes

están orientados a los resultados y tienden a imponer una sensación de urgencia en los demás.

- *El inspirador.* Los sistemas familiares que fomentan inspiradores suelen anteponer la expresión de uno mismo a la conformidad, y los cuidadores en estos sistemas suelen estar dispuestos a hacer sacrificios personales para conseguir la excelencia en áreas como la expresión artística o la investigación científica. Los inspiradores suelen ser pensadores innovadores y tienen un firme compromiso con el bien común.

Cada uno de estos estilos tiene sus puntos fuertes y sus debilidades, y cada uno de ellos nos ofrece lecciones importantes sobre el poder en el lugar de trabajo. Jeff descubrió que su manera de ejercer el poder era una combinación del complaciente y el comandante, y fue capaz de utilizar este conocimiento para ajustar sus hábitos y comportamientos.

Para identificar tu propio estilo de poder es importante que tengas en cuenta que no existe un estilo mejor que otro, y que no debes emitir juicios de antemano, ni contigo ni con los demás. La mayoría de nosotros empleamos más de un estilo de poder y, dependiendo de la situación, podemos incluso cambiar de un estilo a otro.

MAGGIE CRADDOCK es presidenta y fundadora de Workplace Relationship. Es autora de *Power Genes: Understanding Your Power Persona -and How to Wield It at Work.* (Harvard Business Review Press, 2011).

Adaptado del contenido publicado en hbr.org, 9 de mayo de 2011.

3

Cómo saber cuánta influencia tienes en el trabajo

Maxim Sytch

Un banquero del sudeste asiático quería permitir que los empleados de una empresa de alquiler de coches pudieran comprar los coches usados a su empleador. Pero ninguna unidad de negocio consiguió organizarlo. Los departamentos estaban paralizados por la gama de productos existente, el riesgo subyacente o las directrices reguladoras. Sin embargo, uno de los compañeros del banquero, consiguió crear un plan muy importante para la compañía. Gracias a ello se llegó a una solución diseñada y presentada en conjunto por dos unidades de negocio.

El mérito del éxito de este nuevo producto financiero fue resultado del poder informal del banquero.

El poder informal, que no tiene nada que ver con el cargo que ostentas, te permite movilizar recursos, conducir el cambio y crear valor para la empresa y para ti mismo. Además, en el entorno laboral actual, el poder informal es cada vez más importante y puede asegurar tu lugar en la empresa.

¿Por qué? Actualmente, los flujos de trabajo verticales especializados se están desplazando hacia los espacios vacíos que hay entre ellos, ya que las empresas responden con más precisión a las necesidades de los clientes. Esta tendencia es importante en empresas que tienen equipos interfuncionales, directores de cuentas o una estructura matriz. Incluso las empresas pequeñas están cada vez más orientadas a los proyectos.

Cada vez más, el trabajo se hace fuera de la empresa en colaboración con los proveedores, distribuidores y clientes. Las compañías están externalizando ideas y trabajo. Trabajan con *freelancers* y con terceras personas. A veces hasta colaboran con la competencia.

El hecho es que tu cargo formal, tus subordinados y la autoridad que te han concedido formalmente, no siempre te llevan a donde quieres ir cuando trabajas con gente de fuera de tu empresa.

¿Tienes el poder informal de generar valor y hacer que se hagan las cosas? A continuación, tienes una auditoría del poder:

- *Primer paso:* Enumera los diez contactos principales que te permiten realizar tu trabajo. Estos contactos pueden ser tanto de dentro como de fuera de tu empresa.

- *Segundo paso:* Asigna a cada uno de ellos una puntuación del 1 al 10 para indicar cuánto dependes de ellos. Si un contacto tiene un valor muy elevado y es también difícil de sustituir, asígnale una puntuación elevada. Piensa en líneas generales en el valor que ofrecen tus contactos. Esto incluye asesoramiento profesional, soporte emocional, ayuda en las actividades diarias, información y acceso a los recursos o a las personas clave.

- *Tercer paso:* Haz lo mismo que antes, pero a la inversa. Asigna una puntuación a tu valor según el punto de vista de los demás. Piensa en cuánto valor aproximadamente ofreces a tus contactos y si sería fácil sustituirte. Sé honesto.

A continuación, mira las señales de alarma de tu auditoría de poder. Estas podrían indicar que no tienes poder informal y que eres reemplazable.

¿Trabajan todos tus contactos en un equipo, función, unidad de producto o edificio? Esto podría indicar una habilidad limitada de generar valor más allá de los requerimientos básicos de la descripción de tu puesto.

¿Te dan más valor tus contactos del que tú les das a ellos? Este tipo de relación es difícil de mantener a largo plazo. Las asimetrías en la dependencia indican que los otros tienen el poder en la relación.

¿Son todas las puntuaciones de dependencia bajas? Esto podría indicar la prevalencia de relaciones transaccionales, unas relaciones basadas en el *quid pro quo*. En cambio, las relaciones de alta dependencia están imbuidas de unos valores y unas dinámicas relacionales que no se pueden calcular fácilmente[1].

¿Está concentrado todo el valor que das o recibes en un par de contactos? En el caso de que perdieras estos contactos o tus relaciones cambiaran estarías en peligro. Un alto directivo me contó que dos contactos clave conducían el valor de toda su red de contactos. Por desgracia, uno falleció y el otro se trasladó a otra región. El poder informal del directivo se acabó de repente.

Ahora que has realizado la auditoría de tu poder informal, ¿cómo podrías mejorar tu posición?

En primer lugar, la manera más fácil de mejorar una puntuación desfavorable de tu auditoría de poder consiste en reforzar tus relaciones ofreciendo valor a tus contactos. Pregúntate: ¿qué valor puedes proporcionarles? Si desarrollas y mejoras continuamente las habilidades que hacen que los demás valoren tus contribuciones, les estarás dando valor. También lo harás utilizando proactivamente tus habilidades para ayudar a los demás más allá de lo que estrictamente exige tu posición formal. No te servirá de nada ser el experto que nadie conoce.

En segundo lugar, deja que tu puesto te ayude. Utiliza la descripción de tu puesto para contribuir al flujo de trabajo de las múltiples funciones que hay en tu empresa, así como a tus clientes, socios externos o reguladores. Ofrécete como voluntario de las iniciativas de estas funciones. Considera las asociaciones laterales como un avance. Posicionándote en la intersección de los flujos de trabajo, conseguirás conocer, aprender y dar valor a una variedad de grupos diversos de la organización.

En tercer lugar, intenta conocer individualmente a las personas clave y a los colaboradores. Te sorprenderás al ver que algo que para ti es relativamente fácil de hacer tiene mucho valor para ellos. A veces nos quedamos inmóviles porque pensamos que tenemos que hacer contribuciones importantes o favores enormes a los demás. Pero si los conocemos bien veremos que hay otras formas de ayudarles: no te limites al campo profesional.

Únete a asociaciones sociales y profesionales. Las actividades compartidas contribuyen generosamente a expandir nuestras redes de contactos más allá de nuestro grupo de compañeros de trabajo. Un empresario amigo mío se enteró a través de un compañero de su club de natación de los criterios de las firmas de capital riesgo para seleccionar y fundar empresas de biociencias. Este compañero acabó siendo su primer inversor.

Tu valor no debería estar definido únicamente por tu habilidad de desempeñar una función formal en la empresa. Si es así, es muy probable que estés en peligro porque, antes o después, vendrá un competidor más joven o inteligente que se unirá a tu compañía. Si creas valor para diversos accionistas y te conviertes en una persona irremplazable, estarás aumentando tus posibilidades dentro y fuera de la empresa. Además, haciéndolo, estarás añadiendo valor a tu compañía.

MAXIM SYTCH es profesor de dirección y organizaciones en la escuela de negocios Stephen M. Ross de la Universidad de Michigan. Sus estudios se centran en las redes de relaciones sociales y en las dinámicas de la influencia dentro y entre las organizaciones.

Nota

1. R. Gulati y M. Sytch, «Dependence Asymmetry and Joint Dependence in Interorganizational Relationships: Effects of Embeddedness on a Manufacturer's Performance in Procurement Relationships», *Administrative Science Quarterly 52*, n.º 1 (2007): 32-69.

Adaptado del contenido publicado en hbr.org, 18 de febrero de 2019 (producto #H04SSW).

4

Cuatro formas de malgastar el poder

Ron Carucci

Lo último que quiero es que me vean como un «traficante de poder». Esto es lo que me dijo recientemente un alto ejecutivo y es el sentimiento de muchos altos directivos. El directivo que malversa dinero, se deja sobornar, o se implica en asuntos sórdidos, acaba saliendo en los titulares y es justamente ridiculizado. Pero nuestro estudio a lo largo de diez años revela que el ejecutivo que permanece paralizado es igual de peligroso y mucho más habitual.

Realizamos más de 2.700 entrevistas a más de cien ejecutivos recién ascendidos, y aunque los datos nos advirtieron contra el encanto de utilizar el poder en interés propio, vimos que el mayor problema del poder no era explotarlo, sino renunciar a él.

Muchos líderes, con la intención de no hacer diferencias entre sus empleados y que estos se sientan valorados e integrados, tienen problemas para ejercer su poder. De aquellos que entrevistamos, el 57 % dijo que las decisiones eran más complicadas y arriesgadas de lo que pensaban, mientras que el 61 % afirmó que la gente requería de ellos más tiempo del que podían darle, y que se sentían culpables al negarse porque no querían dar la imagen de ser inaccesibles. Atrapados en la necesidad de agradar o ser queridos, o para evitar un error catastrófico, estos líderes se sentían despojados de poder: un 60 % de nuestros participantes tenía problemas con el hecho de que la gente le atribuía más poder del que ellos creían tener. Casi la mitad de los entrevistados dijeron creer que el poder que tenían por su puesto era insuficiente para alcanzar los objetivos que tenían que alcanzar.

Es normal que los ejecutivos, en algún momento de su vida, se lamenten diciendo: «¿Cómo es posible que con todos los recursos que tengo no consiga nada?». Este es el lamento típico de los nuevos directivos. Sin embargo, estos líderes son a menudo los principales responsables de renunciar al poder que tienen. De todas las renuncias de poder que hemos visto, hemos identificado cuatro especialmente recurrentes y destructivas:

Parálisis. Esta es una de las formas de renuncia más extendida que puede tener unos efectos devastadores en la empresa. Un ejecutivo recibió el apodo «el indeciso» por ser incapaz de aferrarse a una decisión. Siempre era susceptible al fenómeno «el último en llegar»: la última persona que pasaba por su oficina lo convencía para cambiar de opinión. Independientemente de la información o del apoyo que tuviera, nunca exponía su opinión final, creando así una confusión sobre si había tomado o no una decisión. El equipo enseguida se dio cuenta de que su falta de claridad jugaba a su favor. Puesto que no había ninguna evidencia de que hubiera tomado una decisión, los miembros de su equipo interpretaban que los resultados de la reunión eran consecuentes con sus opiniones. El riesgo que corrían era mínimo porque siempre podían decir que esa era la decisión que pensaban que había tomado.

Exceso de inclusión. Incluir a demasiadas personas también inhibe la capacidad de decisión de los líderes. Los líderes temerosos se engañan a sí mismos creyendo que la mejor forma de disminuir el riesgo es implicando a muchas personas. Aunque es importante incluir a las personas que se van a ver afectadas por una decisión, incluir a demasiada gente a expensas de la acción no significa crear consenso, sino protegerse. Muchos entrevistados mencionaron con desesperación que este era un problema común en los rangos ejecutivos. Uno se quejó de que «el número de personas que tiene que dar el visto bueno a una decisión es exagerado. Me paso más tiempo intentando alcanzar un consenso que incrementando la calidad de la decisión. Creía que tenía más autoridad de la que tengo». Los ejecutivos recién nombrados tienen que tener la piel curtida para soportar la inevitable hostilidad que originan las decisiones impopulares. Evitarlo no disminuye el riesgo, lo incrementa.

Acomodo. Ceder a los planes de los demás a expensas de un bien mayor también significa renunciar al poder. Sí, la gente se siente más implicada cuanto mayor es el control que tiene sobre la dirección de sus proyectos, pero este tipo de empoderamiento nunca debería darse a expensas de un plan organizacional más amplio. Los altos directivos han de saber modelar la dirección estratégica dejando al mismo tiempo que los demás tomen decisiones que conviertan la visión en acción. Aceptar las peticiones de recursos para los planes individuales «para que los demás se sientan protagonistas», no es empoderamiento, sino abandono. Delimitar las prioridades y el foco de atención para fortalecer la ejecución es una de las contribuciones aglutinadoras más relevantes que puede aportar un ejecutivo. Cuando la necesidad de decir sí vence a la valentía de decir no, las organizaciones se fragmentan, y la consecuencia es la renuncia al poder.

Tolerar el bajo rendimiento. Este es el último patrón importante que hemos observado. Por desgracia, el bajo rendimiento es inevitable en aquellas organizaciones en las que la gente se siente desconcertada por la gran cantidad de prioridades y por el mal reparto de los recursos. En cuanto la gente se da cuenta de que el proyecto no puede tomarse en serio porque las prioridades cambian diariamente, su compromiso de dirigir la estrategia se diluye y no se alcanzan los resultados. Para evitar exponerse a su propia hipocresía, los ejecutivos causantes del caos no pueden plantear la cuestión de la caída libre del rendimiento, y por lo tanto, han de tolerarlo. Paradójicamente, ir repartiendo síes no sirve más que para socavar la propia responsabilidad que los ejecutivos pretenden reforzar, desestabilizando la empresa y agravando el bajo rendimiento que los líderes creen poder evitar con esa actitud.

El poder es un activo esencial de los puestos directivos. Es la moneda que asegura el legado de un líder. Es capaz de rectificar las injusticias organizacionales, alimentar el talento y conseguir grandes logros. Es cierto que el poder debe gestionarse minuciosamente, pero para conseguir que las buenas cosas ocurran tendrás que aprovechar tu influencia, no temerla.

RON CARUCCI es cofundador y socio director de Navalent y trabaja con consejeros delegados y directivos que buscan un cambio organizacional para sus organizaciones, líderes e industrias. Es autor de ocho libros, entre ellos el éxito de ventas *Rising to Power*. Puedes seguirlo en Twitter @Ron Carucci.

Adaptado del contenido publicado en hbr.org,
29 de octubre de 2015 (producto #H02FZY).

5

Haz que tu equipo se sienta poderoso

Harrison Monarth

Los estudios demuestran que ayudar a los demás a sentirse más poderosos aumenta la productividad, mejora el rendimiento y hace que los empleados se sientan más satisfechos en el trabajo. Un estudio realizado por Yona Kifer de la Universidad de Tel Aviv y publicado en *Psychological Science* descubrió que los empleados están un 26 % más satisfechos en su trabajo cuando ostentan puestos de poder[1].

Los investigadores también han descubierto que el sentimiento de poder también se traduce en más autenticidad y en sentimientos de bienestar. El poder hace que las personas se sientan más «auténticas consigo mismas» porque se pueden comprometer con acciones que reflejan genuinamente los valores que consideran importantes. En consecuencia, esta sensación subjetiva de autenticidad crea una mayor sensación de bienestar y felicidad.

Un estudio realizado por Gallup descubrió que un 70 % de los trabajadores estadounidenses no se sienten comprometidos con sus empleadores. Gallup calcula que el coste de esta apatía representa entre cuatrocientos cincuenta y quinientos cincuenta mil millones de dólares en pérdida de productividad anual[2]. Supongo que estos trabajadores no se sienten para nada poderosos.

Aunque sería fantástico pensar que podemos simplemente repetir un mantra cada mañana para favorecer estos sentimientos de poder que realzan el bienestar, otro estudio realizado por Gallup concluyó que para unos 600.000 trabajadores de varias industrias, el apoyo de los líderes, su reconocimiento, la comunicación constante y la confianza son esenciales para crear un entorno próspero donde los empleados de primera línea sientan que tienen autonomía para marcar una diferencia real en la empresa[3]. En otras palabras, para infundir una sensación de poder en la gente y conseguir, de este modo, su compromiso sostenido, necesitarás el apoyo de todo el sistema.

Por el contrario, según lo demuestran investigaciones de la Universidad de Illinois, los programas de empoderamiento excesivamente estructurados, orientados a los empleados y que normalmente van asociados a iniciativas de mejora continua, no funcionan porque dichos empleados suelen considerar que son programas que se les imponen sin que ellos puedan opinar sobre la utilidad de las iniciativas[4].

En cambio, los investigadores han descubierto que incluso los empleados menos poderosos se comprometen a encontrar la manera de hacer que sus empresas sean más eficientes si se les da autoridad para tomar decisiones e implantar las medidas de mejora que consideran oportunas. A los directores se les aconseja que hagan el papel de coaches, dando dirección y apoyo, y confiando en que los empleados de primera línea, que son los expertos sobre el terreno, sean los responsables de las mejoras más eficaces para el bien de la empresa. El estudio realizado por Gopesh Anand, Dilip Chhajed y Luis Delfin, demuestra que los empleados se comprometen más con sus empresas cuando sienten que en su entorno laboral son autónomos y cuando confían en que los líderes les apoyan. Esta sensación de poder y de confianza recíproca en el liderazgo genera unos comportamientos proactivos en los empleados de primera línea, puesto que están más inclinados a asumir la responsabilidad de encontrar la manera de mejorar sus prácticas de trabajo diarias y así mejorar el rendimiento organizacional.

El esfuerzo de toda la compañía por hacer que los empleados se sientan autónomos y respetados mejora considerablemente su compromiso, pero los directivos deberían empezar por hacer este esfuerzo con los miembros de sus equipos. Animándoles a compartir sus opiniones sobre los asuntos importantes, delegando y compartiendo el liderazgo, asignando tareas directivas, comunicándose frecuentemente y permitiendo los errores para aprender de ellos, los directivos cederán poder a los empleados y los convertirán en pensadores independientes sin miedo a asumir riesgos. De este modo, contribuyen activamente en la prosperidad de la empresa.

No es necesario, ni siquiera posible, promocionar a cada uno de los miembros del personal a un puesto de liderazgo. Pero un buen directivo puede ofrecer oportunidades para dar poder a sus empleados, aunque no tengan ningún título. Aunque sabemos que la gente aspira instintivamente a tener un puesto más elevado, M. Ena Inesi de la London Business School ha descubierto que la delegación es igual de importante. En su estudio, dispuso a los participantes de este para que se sintieran poderosos o carentes de poder. Después tuvieron que elegir entre comprar en una tienda cercana con pocas opciones o en otra que estaba más lejos pero que tenía muchas más opciones. Cuando los participantes se sentían carentes de poder, deseaban tener más opciones. Los participantes que se sentían poderosos, en cambio, se contentaban con tener pocas opciones. «Imagínate a una persona de una empresa que tiene un puesto de trabajo de bajo nivel», dijo Inesi en su momento[5]. «Puedes hacer que esa persona, aparentemente sin poder, se sienta mejor con su trabajo y sus obligaciones, ofreciéndole otras opciones respecto a su manera de trabajar o respecto al proyecto en el que trabaja».

La gente necesita saber que tiene algo de control sobre su situación, especialmente en tiempos de cambio o inseguridad, o de lo contrario adoptará lo que el psicólogo Martin Seligman de la Universidad de Pensilvania denomina «la indefensión (o impotencia) aprendida» que le llevará a dejar de intentarlo. En el mismo sentido, la profesora de psicología de Harvard Ellen Langer realizó una investigación sobre el *mindfulness* y la capacidad de elección, y descubrió que dar alternativas a la gente para decidir sobre su entorno alarga la vida en años, según sus estudios realizados con personas mayores que vivían en residencias de ancianos.

En una ocasión, Tom Peters dijo: «Los líderes no crean seguidores, crean más líderes». Dotar a tus empleados de autonomía real y ayudarles a sentirse más poderosos no solo es lo mejor que puedes hacer para acabar con la tendencia a la falta de compromiso y la apatía, sino que es, además, un aspecto fundamental de la estrategia competitiva.

HARRISON MONARTH es coach de directivos y autor de *The Confident Speaker* del *New York Times* y del éxito de ventas internacional *Executive Presence*. Harrison trabaja con líderes y empresas sobre el cambio positivo del comportamiento, el liderazgo auténtico y la comunicación efectiva. Su último libro es *Breakthrough Communication*. Puedes seguirlo en Twitter @HarrisonMonarth.

Notas

1. Y. Kifer *et al.*, «The Good Life of the Powerful: The Experience of Power and Authenticity Enhances Subjective Well-Being», *Psychological Science 24*, n.º 3 (2013): 280–288.
2. Susan Sorenson y Keri Garman, «How to Tackle U.S.Employees' Stagnating Engagement», Gallup, 11 de junio de 2013, https://cutt.ly/arcEjZz.

3. Peter Flade, Jim Harter, y Jim Asplund, «Seven Things Great Employers Do (That Others Don't)», Gallup, 15 de abril de 2014, https://cutt.ly/MrcElYF.
4. Phil Ciciora, «Study: Job Autonomy, Trust in Leadership Keys to Improvement Initiatives», Illinois News Bureau, 14 de noviembre de 2012, https://cutt.ly/zrcEzAk.
5. «It's All About Control» Association for Psychological Science, https://cutt.ly/vrcEcd1.

Adaptado del contenido publicado en hbr.org,
7 de mayo de 2014 (producto #H00SOU).

6

Cómo usar tu superpoder para el bien

Peter Bregman

Plegué mi bicicleta y la llevé al vestíbulo del edificio de oficinas en Manhattan. El guardia de seguridad que estaba detrás del mostrador me miró, hizo una mueca, volvió a mirarme y dijo algo indescifrable.

—¿Perdón? —le pregunté.

Suspiró y se quedó callado un momento. Después, sin atreverse a mirarme, me dijo:

—No vas a entrar aquí con eso, ¿verdad?

Yo ya estaba nervioso por un incidente que acababa de tener con un taxi durante mi trayecto y su comentario me puso aún más nervioso. No fue su mensaje —no era la primera vez que me advertían de eso—, sino su tono frío y despectivo.

Intenté mantener la calma y mostrarme optimista. Le enseñé lo pequeña que era la bicicleta cuando se plegaba. Le dije que tenía una bolsa y que podía meterla dentro, pero él me repitió lo mismo.

Al final, después de citarle la ley de acceso de bicicletas a los edificios de oficinas, que exige a los edificios de la ciudad de Nueva York con montacargas permitir el acceso de bicicletas, me dejó pasar.

Cuando entré en el montacargas, sonreí al operario que estaba bromeando con unos compañeros. Él me miró, después volvió a mirar a sus amigos y continuó hablando. Esperé impaciente unos minutos y le pregunté si podía llevarme al piso 19. Farfulló algo a sus amigos sobre los inquilinos, me miró en silencio, y me dejó en un pequeño vestíbulo que tenía una puerta cerrada. No sabía por dónde tenía que entrar.

Entonces, cuando le estaba preguntando por dónde tenía que entrar, cerró la puerta del montacargas.

—Intente tocar el timbre —me dijo a regañadientes a través de la puerta cerrada del montacargas.

Vi el timbre que me había dicho y lo pulsé. En ese momento me sentía más que deprimido.

Después, como por arte de magia, mi mañana cambió.

—¡Hola! Tú debes ser Peter. ¡Bienvenido!

Lisa (nombre ficticio), la recepcionista, cantaba mientras abría la puerta. Me sonrió y después me dijo en un tono de preocupación.

—¿Por qué has subido en el montacargas?

Le expliqué mi mañana y frunció el ceño con empatía.

—Lo siento mucho. Es horrible. Déjame que coja tu bicicleta.

Habría llorado de felicidad. En un segundo, Lisa transformó radicalmente mis emociones, de una espiral negativa de ira, frustración y desesperación a una positiva de alivio, aprecio y felicidad.

Entonces, me di cuenta de que todos tenemos superpoderes.

Podemos hacer que la gente se sienta bien o mal con un simple gesto, expresión, palabra o tono de voz.

Pero espera. ¿Puedo realmente echarte la culpa de mi mal humor? ¿Acaso no somos cada uno de nosotros responsables de nuestro estado de ánimo?

Lo que sí sabemos es que las emociones, como ocurre con el resfriado común, son contagiosas. Caroline Bartel de la Universidad de Nueva York y Richard Saavedra de la de Michigan, estudiaron a setenta grupos de trabajadores de varias industrias y descubrieron que los que trabajaban juntos acababan compartiendo sus estados de ánimo, buenos y malos[1]. Los estados de ánimo convergen.

Es importante que las personas que ocupan puestos de autoridad entiendan este hecho, porque los líderes más que ninguna otra persona, son los que crean el ambiente y propagan el estado de ánimo. Si alguna vez has trabajado en una oficina, ya lo sabes por experiencia. Si el jefe está de mal humor, los conflictos aumentan. Si está de buen humor, la gente está relajada.

¿Quiere decir esto que no es culpa tuya si contestas mal a alguien que te encuentras por el pasillo?

¿Acaso no es culpa de ese tipo que se abalanzó sobre ti en el metro y no se disculpó?

Míralo así: si alguien te contagia un resfriado, ¿tienes que ir por ahí estornudando sobre todo el mundo? Puedes culpar a otra persona de tu mal humor, pero tú sigues siendo el responsable de lo que contagias a los demás.

Sin embargo, es difícil evitar totalmente contagiar a otros cuando estás resfriado. Hace unos años me pidieron hacer de coach de Renée, una alta directiva de una empresa que estaba siendo criticada por sus empleados por ser demasiado estricta. Solía gritarles, criticarles despiadadamente por sus errores y humillarles por no saber algo.

Cuando hablé con las otras personas de la oficina, descubrí que el consejero delegado al que Renée rendía cuentas trataba de la misma manera a sus subordinados. Era un hombre que tenía muy mal genio, siempre gritaba y exigía la perfección a sus trabajadores.

A Renée no le parecía bien tratar así a sus subordinados, pero le costaba no hacerlo.

El problema en una empresa es que el estado de ánimo influye en el rendimiento. Según un estudio realizado por Sigal Barsade de la Universidad de Yale, el estado de ánimo positivo mejora la cooperación, reduce el conflicto y aumenta el rendimiento.

¿Cuál es pues la solución?

Conoce tus emociones, contacta con tus estados de ánimo y piensa en ellos como si fueran un resfriado común. Si te has contagiado de un mal humor, respira hondo, reconoce cómo te estás sintiendo y decide no contagiárselo a nadie.

Trata a la gente con empatía, esmero y buen humor para que se sienta más feliz, más conectada y más productiva.

La buena noticia es que el estudio de Barsade ha descubierto que los estados de ánimo positivos se contagian igual que los negativos.

¿Podemos elegir? Si estamos de mal humor, ¿podemos decidir ser felices? Para mi fingir la felicidad es algo difícil, artificial e incluso deshonesto.

Pero tengo una solución bastante simple para darle la vuelta a las cosas: la amabilidad.

Por muy de mal humor que esté, siempre intento tratar a los otros con amabilidad. Y esto siempre tiene un efecto positivo en la gente que me rodea, y a su vez, tiene un efecto positivo en mí. Así es cómo mi estado de ánimo cambia para mejor.

Cuando Lisa me llevó al despacho de mi cliente, le conté a este que su encantadora recepcionista había conseguido darle la vuelta a mi horrible mañana. Entonces él me relató una experiencia personal. Un día que Lisa estaba enferma y no podía ir a trabajar, un hombre calmado y reservado llamado Frank le sustituyó. Frank no era la alegría de la huerta, pero estaba acostumbrado al buen humor de Lisa. Cada mañana, al igual que el resto de los trabajadores del despacho, Frank recibía de parte de Lisa su optimista correo electrónico en el que les daba la bienvenida al despacho. Y, ese día en concreto, cuando se le pidió a Frank que sustituyera a Lisa, el simple recuerdo de sus alegres experiencias resultó suficiente para dejarse influir por ellas.

Lo primero que hizo Frank por la mañana, a iniciativa propia fue escribir un correo electrónico a todos los empleados que decía: «¡Hay pizzaaaaa para comer! ¡¡¡¡Espero que todos tengáis un feliz día!!!!!».

PETER BREGMAN es el director general de Bregman Partners, una compañía que ayuda a la gente de éxito a ser mejores líderes, a crear equipos más efectivos y a inspirar a las empresas para conseguir grandes resultados. Es autor de *18 Minutes*. Su libro más reciente es *Leading with Emotional Courage*. Es también el host de Bregman Leadership Podcast.

Nota

1. C. A. Bartel y R. Saavedra, «The Collective Construction of Work Group Moods», *Administrative Science Quarterly 45*, n.º 2 (2000): 197-231.

Adaptado del contenido publicado en hbr.org,
15 de febrero de 2011 (producto #H006U3)

7

Sentirnos poderosos en el trabajo nos hace sentir peor cuando llegamos a casa

Trevor A. Foulk y Klodiana Lanaj

¿Alguna vez has trabajado con un superior que haya ejercido sobre ti abuso de poder haciéndote sentir menospreciado, herido o enojado? Seguramente no eres el único. Hay muchos estudios que demuestran que cuando la gente se siente poderosa tiende a abusar de los demás, lo cual respalda la idea de que «el poder tiende a corromper, y el poder absoluto corrompe totalmente[1]». Muchos estudios demuestran que los empleados que son víctimas de abusos sufren angustia, rinden menos, son menos creativos y tienen más posibilidades de abandonar el trabajo[2]. Por otro lado, los que ejercen un poder abusivo, parecen ser inmunes a sus propios comportamientos negativos: las investigaciones sugieren que continúan trabajando día tras día como si nada hubiera pasado.

¿Pero qué pasaría si esta no fuese toda la historia? ¿Qué ocurriría si el poder también tuviese un coste para los líderes poderosos?

Hemos investigado esta posibilidad estudiando a ciento ocho directivos durante diez días consecutivos[3]. Estos directivos trabajan en diferentes empresas de industrias como la de la salud, la ingeniería, la educación y la banca. Aunque todos los líderes tienen algún nivel de poder estructural, el estudio ha demostrado que la sensación de poder de cada uno fluctúa diariamente en función de determinados sucesos (por ejemplo, cosas que les recuerdan que están al mando, asistir a una reunión de dirección o tomar la decisión de contratar o despedir a alguien). Para modificar el nivel de poder diario, a cada participante le asignamos aleatoriamente cinco «días de poder» y cinco días de control. Durante los días de poder se les pedía que pensaran y escribieran un momento en el que tuvieron poder sobre alguien y que completaran una serie de ejercicios cortos de vocabulario (por ejemplo: «Completa el siguiente fragmento de palabra con la primera palabra real que se te ocurra: p_d_r»). El estudio demostró que ambas técnicas activan una sensación de poder. Durante los días de control, los directivos tenían que hacer también unos ejercicios similares, pero en los que no primaba el poder. Por ejemplo, tenían que describir su viaje al trabajo ese día y completar unas frases neutras («Completa el siguiente fragmento de palabra con la primera palabra real que se te ocurra: est_d_o»).

Los participantes siguieron interactuando con sus compañeros, directores y clientes durante el estudio, lo cual nos dio numerosas oportunidades de evaluar los comportamientos de los líderes muchas veces al día, tanto en el trabajo como en casa. Les enviamos tres veces al día un correo electrónico con un enlace del estudio: modificábamos el nivel de poder con el estudio de la mañana que los participantes respondían a las 8:28, aproximadamente; evaluamos el abuso de poder diario y la descortesía percibida por los demás al final de la jornada laboral, hacia las 17:23 de la tarde aproximadamente; medimos la relajación y la sensación de satisfacción en sus hogares hacia las 20:24 de la noche.

En consonancia con los artículos que hablan de la naturaleza corrupta del poder, nosotros descubrimos que los días en que los participantes se sentían poderosos, tenían más interacciones negativas con los demás. Estas interacciones negativas se manifestaban de dos maneras: los participantes dijeron tener comportamientos más abusivos con los demás (les gritaban o criticaban más, eran maleducados con ellos o se reían de sus compañeros), pero también percibían más descortesía por parte de los demás (sentían que sus compañeros se dirigían a ellos de una forma poco profesional, les hablaban con un tono condescendiente y prestaban poca atención a sus declaraciones y opiniones). Estos descubrimientos están en línea con estudios anteriores sobre los efectos del poder psicológico. El poder nos hace ver a los demás distantes psicológicamente, intrascendentes, y como un medio para nuestros fines. Todo ello explica por qué el poder favorece el abuso. Al mismo tiempo, el poder psicológico nos hace sentir especiales y más merecedores de la atención, el respeto y el favor de los demás. Estas expectativas infundadas no siempre se cumplen y es por esto por lo que los que tienen el poder experimentan más descortesía de los demás.

Aunque nuestros hallazgos dibujan un panorama bastante desolador en relación con los efectos que el poder tiene en los líderes, también descubrimos su parte positiva. Por un lado, el poder psicológico no afectaba a todos los líderes por igual. Por ejemplo, usando un estudio de personalidad, medimos el nivel de agradabilidad de los líderes y descubrimos que los líderes agradables abusaban menos de los otros cuando experimentaban el poder. La gente agradable se preocupaba del bienestar de los demás y tenía como prioridad mantener relaciones positivas con sus compañeros de trabajo. Su deseo innato de mantener la armonía social explica por qué los líderes agradables no abusan de los demás cuando experimentan el poder. Por lo tanto, la naturaleza corrupta del poder no es tan absoluta como pensábamos.

En segundo lugar, los participantes que ostentaban el poder también se vieron afectados por sus propios comportamientos negativos. Cuando estudiamos a los líderes por la tarde en sus casas, nos dimos cuenta de que los que abusaban de los demás y que creían experimentar mayor descortesía por parte de los otros, informaban sentirse menos satisfechos por su día de trabajo —se sentían menos competentes, menos capaces de relacionarse con los demás y menos autónomos—. Además, los que abusaban del poder no eran tan capaces de desconectar y relajarse en casa. Todos estos resultados sugieren que existe la «resaca del poder», es decir, que los efectos del poder que tienen cuando están en el trabajo reducen el bienestar de los líderes por la noche cuando están en casa. En general, la modificación del nivel de poder que realizamos nosotros es responsable del 15 % de la variabilidad diaria de los líderes en su necesidad de satisfacción y del 2 % de la variabilidad en su relajación, lo que indica que incluso una pequeña modificación del poder durante la mañana puede tener unos efectos notables en el bienestar que pueden durar hasta la noche.

¿Por qué el poder empeora el bienestar de los líderes, incluso cuando están en casa? Una razón podría ser que las interacciones negativas inducidas por el poder amenazan la capacidad de los líderes para mantener el poder sobre los demás en el trabajo; los subordinados que son objeto de abuso podrían tomar represalias o dejar de satisfacer las exigencias de los líderes abusadores. También es posible que los líderes que abusan del poder reflexionen en sus casas sobre sus comportamientos negativos y se sientan culpables al reconocer que incumplieron las normas sociales de una conducta correcta en el trabajo.

Aunque mucha gente preferiría tener más poder e influencia, nuestro estudio demuestra que el poder no solo nos impulsa a cometer abusos, sino que también puede hacer que nos sintamos peor en casa. Por lo tanto, es conveniente que moderemos nuestra opinión del poder como algo positivo y empecemos a considerar también sus inconvenientes.

Es importante que la gente que ocupa puestos de poder reconozca la influencia negativa que este puede tener en sus interacciones con los demás y en su bienestar. Para ello, podrían pedir ayuda a mentores o a compañeros de confianza para que les digan cómo se comportan en el trabajo. Desde una perspectiva organizacional, sería bueno asignar puestos de poder a los empleados que sean agradables, porque los líderes de trato agradable son menos susceptibles al abuso que induce el poder.

Suele decirse que «cuanto más poder, más responsabilidad». El estudio realizado también demuestra que cuanto más poder, más sufrimiento.

TREVOR A. FOULK es profesor auxiliar en Robert H. Smith School of Business de la Universidad de Maryland. KLODIANA LANAJ es la Walter J. Matherly Professor en el Warrington College of Business de la Universidad de Florida.

Notas

1. C. Anderson y S. Brion, «Perspectives on Power in Organizations», *Annual Review of Organizational Psychology and Organizational Behavior* 1 (2014): 67-97.
2. E. X. M. Wee *et at.*, «Moving from Abuse to Reconciliation: A Power-Dependence Perspective on When and How a Follower Can Break the Spiral on Abuse», *Academy of Management Journal* 60, n.º 6 (2017): 2352–2380; S. Aryee *et al.*, «Abusive Supervision and Contextual Performance: The Mediating Role of Emotional Exhaustion and the Moderating Role of Work Unit Structure», *Management and Organization Review* 4, n.º 3 (2008): 393–411; D. Liu, H. Liao y R. Loi, «The Dark Side of Leadership: A Three-Level Investigation of the Cascading Effect of Abusive Supervision on Employee Creativity», *Academy of Management Journal* 55, n.º 5 (2012): 1187- 1212; C. I. C. Farh y Z. Chen, «Beyond the Individual Victim: Multilevel Consequences of Abusive Supervision in Teams», *Journal of Applied Psychology* 99, n.º 6 (2014): 1074–1095.
3. T. A. Foulk *et al.*, «Heavy Is the Head That Wears the Crown: An Actor-centric Approach to Daily Psychological Power, Abusive Leader Behavior, and Perceived Incivility», *Academy of Management Journal* 61, n.º 2 (2018): 661–684.

Adaptado del contenido publicado en hbr.org,
13 de junio de 2017 (producto #H03PQ2)

8

Cómo trabajar con una persona manipuladora

Liz Kislik

Casi todos los que hemos trabajado hemos tenido que lidiar alguna vez con un manipulador. Por desgracia, la mayoría de los trabajadores temen hacer públicas sus preocupaciones porque saben que aunque lo hagan, las respuestas típicas de las empresas van desde la reticencia o el recelo hasta tomar represalias contra la víctima en lugar de contra el infractor.

Desgraciadamente, muchos lugares de trabajo promueven a los manipuladores porque aparentan ser eficaces para conseguir que se haga el trabajo, a pesar de las consecuencias negativas que su abuso puede tener sobre la productividad y los empleados[1]. En particular, si no consigues que la jerarquía u otras autoridades intervengan en tu nombre, te será de ayuda tomar tus propias medidas para resolver la situación, sin emprender acciones legales.

En los casi treinta años que llevo trabajando como consultor, me he encontrado con una gran cantidad de casos de manipulación, *bullying* o uso inapropiado del poder. Hay tres tipos de respuestas que han demostrado ser efectivas para enfrentarte a casi todos los tipos de manipuladores, independientemente de que tengas más o menos rango, poder o posición. Son respuestas que, por lo menos, te ayudarán a afirmarte a ti mismo y a recuperar la sensación de control en lugar de sufrir en silencio mientras ideas tu estrategia a largo plazo.

Primero, muéstrate escéptico ante las innumerables muestras de atención especial

Los manipuladores no suelen mostrar su verdadero yo al principio de una relación. De hecho, muchas veces se presentan como aliados o confidentes porque necesitan acercarse a ti para evaluar tus puntos débiles y ver cuánto pueden sacar de ti.

Son habilidosos evaluando qué empleados son suficientemente experimentados y seguros de sí mismos y cuáles están deseosos de complacer o son fáciles de influenciar.

Es emocionante que un compañero poderoso o un superior muestren interés por ti, pero si has oído cosas espantosas sobre él, es mejor que actúes con prudencia. Por ejemplo, fíjate si te trata como su favorito, pero tiene pequeños detalles que te hacen sentir mal, te rebaja cuando habla con otras personas, o te presiona para que hagas algo que va en contra de tus intereses y te obliguen a posicionarte a su favor.

Un alto ejecutivo con el que trabajé se sentía herido por un compañero que decía ser su aliado y buen amigo, pero que siempre estaba señalando sus defectos y errores de una manera que, al principio, parecía efectiva, pero que al final acabó socavando su confianza. Con el tiempo, acabó dudando de sus propios instintos y empezó a actuar como su compañero manipulador en lugar de defender sus propias iniciativas.

Cuando por fin el ejecutivo reconoció lo que le estaba pasando le costó mucho separarse de su compañero y perdió mucho prestigio ante sus semejantes. Su credibilidad y su autoimagen estaban ya afectadas y no consiguió recuperar su influencia hasta que dejó la empresa.

Segundo, prepárate para pasar por pequeñas confrontaciones públicas

En ocasiones, la única manera de desenmascarar las maniobras de un manipulador es enfrentándose a ellas en el momento. Es difícil hacerlo cuando eres un empleado júnior. Incluso los empleados sénior pueden quedar atónitos ante la situación o no saben qué decir cuando alguien altera las normas de comportamiento y el juego limpio, a pesar del daño que está causando en la empresa. Por eso, cuando alguien tiene el coraje y el ingenio para intervenir, advierte al manipulador que su comportamiento ha sido detectado y muestra a los demás que es posible intervenir para poner a otros a salvo mientras la empresa sigue avanzando.

Durante una reunión a la que tuve ocasión de asistir con un cliente, un directivo estaba haciendo un informe por teléfono mientras el resto del equipo directivo estaba presente en la sala. En un momento dado, un vicepresidente que tenía fama de ser extremadamente egoísta y manipulador, levantó la vista con cara de sorpresa, movió la cabeza repetidamente y se encogió de hombros como indicando a sus compañeros de la sala que o bien no estaba de acuerdo con lo que su compañero estaba diciendo o que no estaba entendiendo ni una sola palabra.

El directivo al teléfono no tenía ni idea de que se estaba desprestigiando su credibilidad, y entonces pregunté directamente al manipulador: «¿Hay algo que quieras añadir? Parece como si no estuvieras de acuerdo con lo que acabamos de escuchar. ¿Quieres debatir la conclusión o algo de lo que se ha comentado, o estás de acuerdo con el informe?».

El vicepresidente negó estar en desacuerdo, pero se le veía claramente incómodo porque le habían puesto en un aprieto y no pudo seguir criticando ni menospreciando a su colega. Además, su compañero que estaba al teléfono tuvo la oportunidad de advertir que estaban socavando su imagen.

Tercero, rechaza guardar secretos o hacer de intermediario para normalizar comportamientos engañosos

En lugar de esto, sé directo y mantente firme. Los maquinadores te tratarán como si fueras un infiltrado de confianza, y te alimentarán con chismes sobre las carencias o fracasos de los demás, como si solo tú tuvieras la perspectiva y la discreción para saber lo que es importante. No te dejes engañar por los halagos. Pregunta los detalles para averiguar sus intenciones: «No estoy seguro de entender lo que dices. ¿Por qué me cuentas esto? ¿Qué quieres que haga?».

En otra empresa con la que colaboré, trabajé con una líder que no se sentía a gusto con el conflicto directo y que prefería que fueran otras personas, incluso yo mismo, las que transmitieran los mensajes que ella no se atrevía a transmitir. En lugar de permitir que utilizara a los demás para ocultar sus críticas, le proponía cosas como: «Está claro que no te gusta cómo James trata los conflictos de su equipo. Me gustaría reunirme contigo y con James para que le expliques tu preocupación, y yo después trabajaré con él la manera de gestionar a su equipo». De este modo, una vez que le mostré su modelo de comportamiento y le brindé la oportunidad de modificarlo, era menos probable que acudiera a otros para resolver las situaciones incómodas.

Si tu puesto es de más nivel que el del manipulador, lo más efectivo es que empieces cuanto antes un plan riguroso de acción correctiva, utilizando técnicas como estas y dándole *feedback* concreto sobre su comportamiento hasta que abandone los malos hábitos o le despidas. Y si tienes menos poder o influencia que el manipulador, estos tres métodos te ayudarán a protegerte y a minimizar su impacto negativo tanto en ti como en el resto de la empresa durante todo el tiempo que quieras seguir en el juego.

LIZ KISLIK ayuda a empresas *Fortune* 500, organizaciones no lucrativas y empresas familiares a resolver sus problemas más complejos. Ha dado clases en la Universidad de Nueva York y en la Universidad Hofstra, y ha dado conferencias en TEDxBaylorSchool.

Nota

1. Christine Porath y Christine Pearson, «The Price of Incivility», *Harvard Business Review*, enero-febrero 2013.

Adaptado del contenido publicado en hbr.org, 6 de noviembre de 2017 (producto #H03ZQ5)

9

Sexo, poder y sistemas sociales que toleran a tipos como Harvey Weinstein

Dacher Keltner

Cuando oí por primera vez las historias del comportamiento abusivo del productor de cine Harvey Weinstein, mi mente imaginó castigos propios de la Europa renacentista o de la película *La naranja mecánica*: cubrir su rostro con una máscara de la vergüenza como las que se utilizaban en Alemania hace algunos siglos o descargas eléctricas en los lóbulos frontales para que empezara a empatizar con las mujeres a las que había agredido. Cuando nos enfrentamos a una injusticia, es humano pensar en cómo eliminar o castigar a la persona responsable.

Pero mi estudio sobre la psicología social del poder sugiere que, sin exculpar a las personas corruptas, también tenemos que analizar los sistemas sociales en los que cometen sus abusos.

Durante veinticinco años, tanto yo como otros investigadores sociales, hemos estado documentando sobre cómo el sentimiento de poder cambia el comportamiento de los ciudadanos normales, algo que podríamos denominar la banalidad de los abusos de poder. En experimentos en los que a un grupo de personas se les asigna aleatoriamente una cuota de poder, las personas «poderosas» suelen desarrollar dos tipos de alteraciones: presentan un déficit de empatía y pierden la capacidad de percibir las emociones de los demás y de aceptar sus puntos de vista[1]. Y además actúan de una forma impulsiva, sin respetar las normas del lugar de trabajo. En un experimento, los participantes del grupo de poder robaban caramelos a los niños sin pestañear[2].

Nuestra investigación también demostró que en los contextos dominados por hombres estas dos tendencias se manifiestan en un comportamiento sexual inapropiado, como el que relatan las mujeres acosadas por Weinstein. Los estudios muestran que los hombres poderosos sobrevaloran el interés sexual de los demás, y creen erróneamente que las mujeres de su alrededor se sienten más atraídas por ellos de lo que realmente es[3]. Los hombres con poder también sexualizan su trabajo, buscando oportunidades de tener citas y encuentros sexuales, miran a las mujeres de manera obscena, se acercan demasiado a ellas, y tienen contacto con ellas durante más tiempo del necesario, cruzando así la línea del decoro, y más allá[4].

Los descubrimientos hechos a partir de los estudios de laboratorio nos dicen que los abusos de poder son previsibles y recurrentes. De hecho, si nos fijamos a lo largo de la historia llegaremos a la misma conclusión. Durante el período de tiempo que he dedicado a estudiar el poder, cada año se han dado casos nuevos de hombres con poder que abusan sexualmente de otras personas en todo tipo de contextos —organizaciones religiosas, el ejército, el Capitolio, Wall Street, deportes, fraternidades, medios de comunicación, tecnología, laboratorios y universidades—.

También deberíamos aprender de todo un clásico como son los estudios de Stanley Milgram sobre la obediencia a la autoridad. Estos estudios, inspirados en la necesidad de Milgram de entender las condiciones que dieron lugar a la Alemania nazi, demostraron que los contextos autoritarios pueden incitar a los ciudadanos normales y corrientes a dar golpes casi letales a personas desconocidas de la calle. Del mismo modo, los contextos donde el poder es ilimitado, este puede hacernos vulnerables y cómplices del abuso de poder. No nos gusta lo que está ocurriendo, pero casi nadie hace nada por detenerlo. Esto no nos puede servir de excusa, y tampoco les sirve a los poderosos para excusar sus delitos, pero debería prevenirnos de contarnos a nosotros mismos la mentira reconfortante de que nos comportaríamos mejor que la gente de The Weinstein Company que supuestamente sabía lo que estaba pasando con Weinstein, pero no hizo nada por detenerlo.

El reto debería ser cambiar los sistemas sociales en los que se dan los abusos de poder y nadie los persigue. Para ello, la psicología social del poder nos da algunas ideas.

La primera es que tenemos que escuchar las historias de las víctimas de abusos por parte de los poderosos, por duras que sean. Enhorabuena a los valientes que están denunciando el acoso y los abusos sexuales cometidos por Weinstein y otras personas. Estos relatos impulsan el cambio social. Por ejemplo, cuando los ciudadanos ingleses empezaron a escuchar las historias de los maltratos a los esclavos en los barcos negreros de principios del siglo XVIII, el razonamiento moral de la trata de esclavos empezó a cambiar y aparecieron las leyes antiesclavistas. Contar estas historias también es la manera de que las personas con menos poder establezcan cómo debe ser la reputación de los poderosos y limiten así sus tendencias impulsivas.

También estamos aprendiendo de los muchos beneficios que aportan las mujeres que llegan a ocupar puestos de poder, desde un índice menor de corrupción hasta resultados más productivos[5]. Hollywood es uno de los sectores en los que más dominan los hombres —tan solo el 4 % de los directores son mujeres; si hubiera más directoras y productoras, el equilibrio del poder en el mundo del cine cambiaría—. Los estudios demuestran que este tipo de cambio sistémico reduciría los casos de abuso sexual. Por ejemplo, las minorías étnicas tienen más probabilidad de sufrir delitos motivados por el odio cuanto más aumenta el número de blancos[6]. Si hubiera una mayor igualdad numérica entre personas de diferentes grupos sucederían menos casos de abuso de poder: aquellos que forman parte de los grupos con menos poder tendrían más aliados, serían más proclives a estar en alerta en los contextos en los que los poderosos abusan del poder, y se sentirían más fuertes para decir la verdad a los poderosos.

Por último, tenemos que despejar algunos mitos sobre los abusos de poder. Los científicos sociales han documentado cómo las estructuras de poder coactivas se sostienen a través de unos mitos sociales, los cuales normalmente justifican las acciones continuadas e ilimitadas de los que ostentan el poder. Se ha llegado a decir que: «Las mujeres no están biológicamente capacitadas para liderar», «Los afroamericanos no se merecen votar», «Puede que grite a la gente y se salte las reglas, pero es un genio». Y una de las frases favoritas de Hollywood: «A las mujeres les excitan los hombres poderosos como Weinstein». Estudios científicos actuales han llegado a conclusiones bastante diferentes: cuando las mujeres (y los hombres) ocupan puestos de menor poder, su ansiedad, su inseguridad y sus preocupaciones aumentan drásticamente, y su placer y deleite, incluido el sexual, se apaga[7].

El momento actual puede ser el punto de inflexión en la lucha contra el acoso sexual sistémico. Para conseguir llevar a cabo este cambio tan necesario, tenemos que reconocer la banalidad de Harvey Weinstein y comprometernos a cambiar el contexto social de manera que la tendencia humana de abusar del poder llegue a ser una cosa del pasado.

DACHER KELTNER es profesor de psicología en la Universidad de California, Berkeley, y director del Greater Good Science Center. Es también autor de *The Power Paradox: How We Gain and Lose Influence*.

Notas

1. A. D. Galinsky *et al.*, «Power and Perspectives Not Taken» *Psychological Science 17*, n.º 12 (2006): 1068–1074.
2. P. K. Piff *et al.*, «Higher Social Class Predicts Increased Unethical Behavior», PNAS 109, n.º 11 (2012): 4086–4091.
3. J. W. Kunstman y J. K. Maner, «Sexual Overperception: Power, Mating Motives, and Biases in Social Judgment», *Journal of Personality and Social Psychology* 100, n.º 2 (2011): 282–294.
4. D. Keltner, D. H. Gruenfeld, y C. Anderson, «Power, Approach, and Inhibition», *Psychological Review* 110, n.º 2 (2003): 265–284.
5. Matthew Swayne, «Women Still Less Likely to Commit Corporate Fraud», *Penn State News*, 13 de agosto de 2013, https://cutt.ly/4rc7mzq.
6. D. P. Green, D. Z. Strolovitch, y J. S. Wong, «Defended Neighborhoods, Integration, and Racially Motivated Crime», *American Journal of Sociology* 104, n.º. 2 (1998): 372–403.
7. C. Langner y D. Keltner, «Social Power and Emotional Experience: Actor and Partner Effects Within Dyadic Interactions», *Journal of Experimental Social Psychology* 44, n.º 3 (2008): 848–856.

Adaptado del contenido publicado en hbr.org,
13 de octubre de 2017 (producto #H03YL9)

10

Utiliza tus privilegios particulares para ayudar a otros

Dolly Chugh

Muchas veces me olvido que soy heterosexual. Realmente no pienso mucho en ello. Cuando me preguntan qué he hecho este fin de semana, o cuando pongo fotos de mi familia en la mesa de mi despacho, no tengo motivos para preguntarme si lo que digo o hago incomodará a alguien, o alguien hará una broma con esto, o un compañero de trabajo pensará que me siento atraído por él. Nuestra cultura está estructurada para que la gente heterosexual como yo seamos nosotros mismos sin ningún inconveniente. Pero para algunos colegas gays, una pregunta tan sencilla como qué has hecho el fin de semana o una decisión sobre cómo decorar el despacho les supone mucho estrés —cómo actuar, en quién confiar, qué contar—. Un estudio reciente ha descubierto que el 46 % de los empleados LGTBIQ no desvelan su orientación sexual en el trabajo por miedo a perder su empleo o a ser estereotipados[1]. A diferencia de lo que a mí me ocurre, una persona no heterosexual no tiene el privilegio de pasar todo un día sin necesidad de recordar su orientación sexual.

El privilegio de no tener que estar pendiente de quién eres no se limita sólo a las personas heterosexuales. Cada uno de nosotros tenemos alguna parte de nuestra identidad que requiere un poco de cautela para protegernos del riesgo de ser objeto de algún tipo de discriminación o del humor imbécil. Por ejemplo, en Estados Unidos, identidades particulares como son ser blanco o cristiano, estar sano, ser heterosexual o hablar inglés, son fáciles de llevar. Son formas «normales» de ser. Los privilegios ordinarios son aquellos que se asumen como normales, en tanto en cuando armonizan con las pautas de conducta de la sociedad y, por lo tanto, se dan por descontados.

Prácticamente todos gozamos de una u otra forma de este tipo de privilegios. No es nada de lo que tengamos que avergonzarnos o negar, aunque en algunas ocasiones lo sentimos como una carga. El privilegio ordinario es de hecho una oportunidad. Los estudios confirman una y otra vez que los que tienen un privilegio ordinario tienen el poder de hablar en nombre de los que no lo tienen y ejercen una influencia particularmente efectiva cuando lo hacen. Muchos de los que buscamos la oportunidad de combatir la discriminación o la intolerancia en el lugar de trabajo o en nuestra cultura en general, nos podemos estar perdiendo la oportunidad de mirarnos en el espejo y utilizar la naturaleza ordinaria de quienes somos como una fuente de poder extraordinaria.

Por ejemplo, los psicólogos Heather Rasinski y Alexander Czopp estudiaron cómo percibe la gente un debate sobre temas racistas[2]. Vieron que los observadores de raza blanca se inclinaban más hacia los argumentos de los contendientes de su misma raza que hacia los de raza negra, a los que calificaban de más mal educados. A la hora de hablar de los prejuicios raciales, el hecho de ser de raza blanca le daba a la persona más legitimidad que a los de raza negra.

También los académicos David Hekman, Stefanie Johnson, Maw-Der Foo y Wei Yang estudiaron lo que le ocurre a la gente que intenta defender la diversidad en el trabajo[3], y observaron que los jefes tienen peor consideración de las mujeres no blancas que defienden la diversidad que de sus oponentes femeninas, también no blancas, pero que no la defienden. Sin embargo, los empleados blancos y varones, eran valorados equitativamente, con independencia que defendieran o no la diversidad. Estos académicos encontraron el mismo patrón en las decisiones de contratación. El hecho de que un director hombre y blanco contrate a alguien como él (o diferente), no tiene ningún impacto en sus puntuaciones de rendimiento. Pero si un director hombre que no es blanco contrata a alguien como él, su consideración sí se ve afectada. En otras palabras, el privilegio ordinario —esa parte de nuestra identidad sobre la que no solemos reflexionar— es también un ámbito que nos permite ejercer una gran influencia en relación con los demás.

Esta influencia también existe en las redes sociales, como demostró el politólogo Kevin Munger en un ingenioso experimento que hizo en Twitter en el que se fijaba en la gente que utiliza la palabra «negro» en las redes de una forma amenazante contra los demás[4]. Utilizando robots con identidades que podían ser blancas o negras, tuiteó a los acosadores: «Oye tío, acuérdate de que hay personas que se sienten heridas cuando las hostigas con este tipo de lenguaje». Este *tweet* enviado desde un robot «blanco» que parecía tener 500 seguidores, consiguió reducir el acoso racista en línea la siguiente semana de haber sido publicado, mientras que el mismo *tweet* de un robot «negro» con el mismo número de seguidores tuvo muy poco efecto (es curioso que solo los usuarios anónimos que utilizaban la palabra «negro» se sintieron afectados; aquellos otros que utilizaban lo que parecía ser un nombre y una foto reales no se sintieron influidos en absoluto por la controversia». Si este es el efecto que es capaz de tener el *tweet* de un desconocido, deberíamos considerar las posibles repercusiones de nuestro privilegio ordinario.

Para utilizar correctamente tu privilegio ordinario puedes hacer lo siguiente:

- Primero: averigua en qué partes de tu identidad piensas menos. Una vez las hayas encontrado, habrás identificado tu privilegio ordinario.
- Segundo: averigua qué partes de tu privilegio ordinario suponen una amenaza para la gente de tu trabajo, de tu universidad o de tu comunidad que no tiene ese privilegio. Puedes utilizar internet para buscar relatos en primera persona.
- Tercero: busca oportunidades de hablar y actuar. Enfrentarnos a la gente es una de las muchas maneras de utilizar nuestro privilegio ordinario, pero es mejor hacer preguntas,

comentar los problemas y añadir otros puntos de vista que no surgen de una forma natural en las discusiones de trabajo. Podemos presentar información, invitar a la gente a conversar y comentar las ideas. Podemos amplificar las opiniones de la gente que no se escuchan en las reuniones y retomar las conversaciones cuando son interrumpidas. Podemos reconocer los méritos de la gente en el trabajo y hablar de su talento. Podemos reconocer las desigualdades y hablar de ellas en voz alta cuando ocurren.

- Cuarto: sé consciente de los momentos en los que sin querer hablas en nombre del grupo que pretendes apoyar. Muchas veces nos centramos en nosotros mismos en lugar de dar voz a la gente que queremos que sea nuestra aliada, pero esto tiene consecuencias negativas. En estos casos deberías dar un paso atrás e intentar aprender de aquellos cuyas vidas están directamente afectadas por el problema, en lugar

> de presentarte como un experto. Deja que *ellos* tomen las riendas mientras tú utilizas *tu* privilegio ordinario.

Aquello en lo que menos pensamos es quizás el lugar desde el que podemos hacer más bien a los demás. Cada uno de nosotros tiene alguna forma de privilegio ordinario, y eso es una muy buena noticia, porque significa que tenemos mucha más capacidad de influencia de la que creemos tener.

DOLLY CHUGH es profesora adjunta de la Stern School of Business de la Universidad de Nueva York, y autora de *The Person You Mean to Be: How Good People Fight Bias*.

Notas

1. Human Rights Campaign, «A Workplace Divided: Understanding the Climate for LGBTQ Workers Nationwide», https://cutt.ly/grc7S9X.
2. H. M. Rasinski y A. M. Czopp, «The Effect of Target Status on Witnesses' Reactions to Confrontations of Bias», *Basic and Applied Social Psychology* 32, n.º 1 (2010): 8–16.

3. D. R. Hekman *et al.*, «Does Diversity-Valuing Behavior Result in Diminished Performance Ratings for Non-White and Female Leaders?» *Academy of Management Journal* 60, n.º 2 (2016): 771–797.
4. K. Munger, «Tweetment Effects on the Tweeted: Experimentally Reducing Racist Harassment», *Political Behavior* 39, n.º 3 (2017): 629–649.

Adaptado del contenido publicado en hbr.org, 18 de septiembre de 2018.

11

Para generar el cambio, el liderazgo es más importante que la autoridad

Greg Satell

Los directivos júnior aspiran a promocionar en la jerarquía organizacional para tener más autoridad. De este modo, pueden hacer que las cosas sucedan y provocar así el cambio en el que creen. Los directivos sénior, por otro lado, se sienten frustrados por el poco poder que realmente tienen.

El problema es que aunque la autoridad obliga a la acción, hace poco para inspirar confianza. Que la gente haga lo que tú quieres no es suficiente, además debe *querer* hacer lo que tú quieres; de lo contrario, cualquier cambio está destinado al fracaso.

Es por esto que los esfuerzos para gestionar el cambio suelen acabar en fracaso. A menudo, estos esfuerzos están diseñados para llevar a cabo unas iniciativas que provienen de los altos directivos. Cuando se explican bien y sin rodeos, es como decirle a la gente que haga lo que tú quieres, pero de una manera un poco más ingeniosa. Para que los cambios ocurran de verdad, no tienes que controlar a la gente, sino otorgarles más poder. Esta es la diferencia entre autoridad y liderazgo.

Hacia 1850, Ignaz Semmelweis era el director médico de obstetricia de un pequeño hospital de Pest, Hungría. Después de haber hecho muchos estudios sobre cómo las condiciones sanitarias podían reducir las infecciones, instituyó un régimen estricto de lavado de manos y prácticamente eliminó la fiebre del parto que era algo endémico en esa época.

En el año 2005, John Antioco era el exitoso consejero delegado de Blockbuster, el peso pesado de la industria de alquiler de vídeos. A pesar del dominio de su empresa, Antioco intuyó una amenaza mortal que venía del *streaming* de vídeos en línea y de otros astutos competidores como Netflix. Entonces, inició un programa agresivo para cancelar las cuentas pendientes e invertir en una plataforma en línea.

En estos dos ejemplos las cosas acabaron mal. Semmelweis fue castigado por la comunidad médica y murió en un asilo de una infección que curiosamente había contraído mientras estaba de servicio. Antioco fue despedido del consejo de su empresa y su sucesor revirtió sus reformas. Blockbuster se declaró en bancarrota en 2010.

Actualmente, las ideas de Semmelweis y Antioco se nos antojan evidentes, pero no lo eran en su momento. En el primer caso, se creía que las enfermedades eran consecuencia de un desequilibrio entre los humores corporales, y en el segundo, la amenaza del vídeo en línea se veía demasiado lejana para justificar el abandono de los beneficios a corto plazo. A pesar de su autoridad, ninguno de los dos fue capaz de imponerse a la opinión mayoritaria.

Solemos sobreestimar el poder de la influencia. Siempre nos parece que si tuviéramos un poco más de autoridad, más información que nos respaldara o fuéramos capaces de exponer nuestros argumentos con más fuerza, podríamos llevar adelante nuestras ideas. Semmelweis y Antioco no solo tenían autoridad, sino que además tenían todas las evidencias de su lado y estaban dispuestos a arriesgar sus carreras. Sin embargo, fracasaron.

En 1950 el eminente psicólogo Solomon Asch realizó una serie de célebres experimentos que explican el porqué de esos fracasos. Mostró el siguiente gráfico a un grupo de personas y les preguntó qué línea de las de la segunda imagen era igual que la de la izquierda.

Imagen 1

Imagen 2

No parece nada complicado, pero Asch, conocido por su ingenio, le dio al asunto una vuelta de tuerca. Todos los participantes de la sala, excepto uno, eran cómplices que daban una respuesta incorrecta. Cuando llegaba el turno a la última persona, que era el verdadero participante, casi todos se sumaban al punto de vista de la mayoría, aunque obviamente era erróneo.

A pesar de que nos gusta pensar que somos personas independientes y librepensadoras, lo cierto es que nos dejamos influir mucho por las opiniones de los que nos rodean. Si estás en un despacho donde la gente ve vídeos de gatos divertidos acabarás haciendo lo mismo y riéndote igual que todos. Sin embargo, frecuentemente no los encontrarás tan divertidos cuando los ves acompañado de otras personas.

La conformidad nunca es absoluta. Hasta en los experimentos de Asch, había algunos participantes que se resistían a la opinión mayoritaria, como Semmelweis y Antioco. Todos tenemos nuestras convicciones prácticamente inamovibles. Pero también tenemos otros aspectos en los que perdemos esa firmeza o, incluso, otros en los que no nos preocupamos en formarnos una opinión.

Esto es básicamente lo que el modelo de umbral del comportamiento colectivo predice: las ideas se forman en pequeñas mayorías locales; muchas se quedan ahí y nunca pasan de ahí, pero otras sobrepasan esas agrupaciones locales y avanzan hacia otros grupos más resistentes a través de unas conexiones débiles. Al final, se produce un efecto cascada.

El ejemplo más conocido del modelo de umbral en el trabajo es la Teoría de la Difusión de Innovaciones desarrollada por Everett Rogers, en el cual un pequeño grupo de innovadores proponen una idea y adoctrina a un grupo algo más reacio para que la adopte y conforme así una mayoría local. Dentro de estos grupos, los reticentes se ven superados en número y empiezan a conformarse y a estar de acuerdo con la idea, como en el caso del estudio de Asch. En poco tiempo, los recién convertidos se encuentran transmitiendo la idea a los otros grupos sociales a los que pertenecen. El proceso continúa hasta que la idea se ha extendido más allá de su nicho original. Al final, hasta los más escépticos acaban aceptándola.

Ahora podemos entender mejor el fracaso de Semmelweis y Anitoco, así como lo que les ocurre a tantos ejecutivos que aspiran a ascender. En lugar de buscar liderar un grupo apasionado de voluntariosos reformistas y construir con ellos un movimiento, pretenden llevar a cabo cambios drásticos basándose exclusivamente en su autoridad y forzando a los no convencidos contra su voluntad. En vez de construir cuidadosamente mayorías locales, intentan imponer sus ideas a todo el mundo.

El control es una ilusión y siempre lo ha sido. Es una paradoja hobbesiana que no podamos imponer un cambio si este no ha ocurrido *aún*. De poco sirve tener una posición más elevada o hacer una presentación convincente respaldada con una gran cantidad de información. Los locos dirigen el manicomio, así que lo mejor que podemos hacer, como líderes, es brindarles el apoyo necesario para que lo dirijan bien.

Este es el motivo por el cual un cambio siempre necesita *más* liderazgo que autoridad. La gente respetable siempre prefiere la continuidad al cambio. Los que discrepan resultan una amenaza para el *statu quo*. Así pues, si quieres impulsar un cambio real, no es poder e influencia lo que necesitas, sino a aquellos que pretenden impedirlo.

GREG SATELL es orador internacional, asesor y autor de *Cascades: How to Create a Movement That Drives Transformational Change*. Su libro anterior, *Mapping Innovation*, fue seleccionado como uno de los mejores libros de empresa de 2017. Encontrarás más información sobre Greg en su web GregSatell.com. También en Twitter@DigitalTonto.

Adaptado del contenido publicado en hbr.org,
21 de abril de 2014 (producto #H00RV4)

12

Piensa en cómo edificarás tu legado

Kimberly Wade-Benzoni

Como líder, lo mejor que puedes hacer en tu carrera y en tu vida es dejar un gran legado, porque este te permitirá tener influencia en el futuro, incluso cuando estés fuera del escenario. Para ello, es fundamental que maximices el impacto que tienes en tu empresa y en su gente. Una forma de construir tu legado en el contexto laboral podría ser trabajar para asegurar la viabilidad a largo plazo de la empresa y que esta sea más fuerte, más productiva y valiosa de lo que era. Otra, podría ser crear una empresa totalmente nueva. Pensar en tu legado es también una buena forma de asegurarte de que estás adoptando una perspectiva a largo plazo para tu empresa y de que te resistes a la tentación de tomar decisiones sin proyección que solo se concentran a corto plazo.

¿Cómo pensar en el legado a la hora de tomar las decisiones diarias? Afortunadamente, más de una década de investigación sobre cómo toma la gente las decisiones que afectan a las generaciones futuras permite ofrecer algunas estrategias concretas para ayudarte a pensar en tu legado y aprovechar esas ideas para maximizar tu impacto en el mundo[1].

Piensa en lo que hizo por ti tu generación anterior

Recuerda a tus predecesores y piensa en cómo te afectan sus acciones. ¿Qué recursos dejaron para ti y tus contemporáneos? ¿Cómo cambiaron la empresa para que tú tuvieras más oportunidades? ¿Cómo le dieron forma a la cultura de la organización?

Aunque no siempre podrás volver a realizar las hazañas de las generaciones anteriores porque ya no forman parte de la empresa, podrás devolverles el favor actuando de una forma similar a ellos pensando en la siguiente generación de personas de tu organización. Cuando adoptas una perspectiva a largo plazo y piensas en tu organización en términos de varias generaciones, la reciprocidad no es directa, pero adopta una forma más generalizada. Las investigaciones demuestran que cuando somos conscientes del beneficio que nos ha legado la generación anterior, eso nos hace pensar en el legado positivo que queremos dejar a las generaciones futuras, y tendemos a tomar decisiones mejores orientadas a largo plazo[2].

Concéntrate en las cargas más que en los beneficios

Cuando toman decisiones sobre el futuro, los líderes pueden estar pensando en repartir beneficios deseables, como ganancias o riquezas naturales, o en repartir cargas que todos quieren evitar, como deudas o desechos peligrosos. Los estudios demuestran que el que un recurso sea un beneficio o una carga es importante a la hora de decidir las asignaciones y los legados[3]. La gente está más preocupada por evitar dejar un legado negativo que por crear uno positivo. En comparación con dejar beneficios, dejar cargas hace que los individuos tengan un mayor sentido de responsabilidad y afinidad hacia las generaciones futuras, así como más consideraciones morales, como la vergüenza y la culpa.

Subrayar los aspectos gravosos de las decisiones a largo plazo ayuda a los líderes a reconocer los legados negativos que esas decisiones pueden suponer. Además, una estrategia de las organizaciones es relacionar intencionadamente las decisiones sobre los beneficios y las cargas, de manera que los directivos puedan tomarlas simultáneamente. La creciente atención prestada a las cuestiones éticas que afectan a la asignación de las cargas puede ayudar a atenuar los comportamientos imprudentes y egoístas que muchas veces guían el reparto de los beneficios.

Piensa en la responsabilidad que conlleva tu poder

Muchos estudios sobre el poder sugieren que la experiencia del poder tiende a hacer que la gente se centre más en sí misma y sea más egoísta. Estos estudios consideran principalmente el efecto del poder en un espacio de tiempo limitado. Sin embargo, estudios recientes sobre las decisiones intergeneracionales en los que el espacio de tiempo es más largo, revelan que el poder puede llevar a los que toman las decisiones a preocuparse más por los intereses de otros en el futuro[4]. Cuando las decisiones intergeneracionales se combinan con una experiencia mejorada del poder, la gente se siente socialmente más responsable y está más enfocada en su legado que cuando su poder no es importante. El resultado es que son más generosos con las generaciones futuras, algo que naturalmente les ayuda a crear un legado más positivo. Cuando queda patente que estamos en condiciones de influir en el destino de otros con menos poder y voz que nosotros, nuestras decisiones están cargadas de ética y consideramos más seriamente las implicaciones morales de nuestras acciones.

Recuerda que algún día morirás

Un día en 1988, un hombre sano y exitoso estaba leyendo lo que se suponía que era el obituario de su hermano en un periódico francés. Mientas leía se dio cuenta de que el editor había confundido a los dos hermanos y había escrito *su* obituario. El titular decía: «El mercader de la muerte ha fallecido», y el texto describí*a a un hombre que había* hecho fortuna ayudando a la gente a matar a otros. Como era de esperar, el hombre se quedó profundamente preocupado por esta visión de lo que podía haber sido su legado si hubiera muerto ese día. Se cree que ese incidente fue determinante para que, cuando llegó su muerte ocho años más tarde, donase casi toda su fortuna para financiar unos premios que cada año se otorgan a aquellos cuyo trabajo beneficia a la humanidad. Evidentemente, esta es la historia de Alfred Nobel, el inventor de la dinamita y el fundador de los premios Nobel.

Sí, todos vamos a morir. Cuando nos lo recuerdan, nos acordamos de que no queremos morir, ¡que queremos vivir! Pero sabemos que la muerte es inevitable y este hecho nos genera un dilema existencial debido a nuestro profundamente arraigado instinto de supervivencia. Una de las cosas más efectivas que podemos hacer para amortiguar nuestra ansiedad respecto a la muerte es intentar trascenderla dando sentido a nuestras vidas. Para ello tenemos que crear algo que impacte y persista más allá de nuestra existencia física.

Los estudios demuestran que recordar a la gente el tema de la muerte les hace considerar su legado y actuar de una forma que beneficie a las generaciones futuras, mejorando así la calidad general de sus decisiones a largo plazo[5]. La gente se enfrenta mejor a la muerte si forma parte de algo que va a persistir cuando muera. Tener un impacto positivo en las generaciones futuras ayuda a satisfacer esta necesidad. El legado de Nobel sigue vigente, y leer ese macabro obituario le ayudó a ello. Además, su caso también nos revela que la intención de no dejar un legado negativo es más estimulante que simplemente construir uno positivo.

En resumen, el culmen del poder es dejar un gran legado que siga vigente después de tu muerte. De esta forma incrementarás tu influencia y te asegurarás de tener siempre en mente el éxito a largo plazo de la empresa. Y de premio conseguirás un poco de inmortalidad (simbólica).

Por último, tu legado es lo único que tienes. Piensa en cómo quieres ser recordado por otras personas y actúa en función de esos pensamientos. Gánale la partida a la muerte creando algo significativo que te sobreviva.

KIMBERLY WADE-BENZONI es profesora adjunta de administración de empresa y Center of Leadership and Ethics Scholar en la Fuqua School of Business de la Universidad de Duke. Es reconocida internacionalmente por su especialidad en el área de las decisiones intergeneracionales y ha recibido numerosos premios por sus estudios de la International Association for Conflict Management, State Farm Companies Foundation, la U. S. Environmental Protection Agency y la National Science Foundation.

Notas

1. K. A. Wade-Benzoni y L. P. Tost, «The Egoism and Altruism of Intergenerational Behavior», *Personality and Social Psychology Review* 13, n.º 3 (2009): 165–193.
2. K. A. Wade-Benzoni, «A Golden Rule Over Time: Reciprocity in Intergenerational Allocation Decisions», *Academy of Management Journal* 45, n.º 5 (2017): 1011–1028.
3. K. A. Wade-Benzoni, H. Sondak, y A. D. Galinsky, «Leaving a Legacy: Intergenerational Allocations of Benefi ts and Burdens», *Business Ethics Quarterly* 20, n.º 1 (2010): 7–34.
4. L. P. Tost, K. A. Wade-Benzoni y H. H. Johnson, «Noblesse Oblige Emerges (with Time): Power Enhances Intergenerational Beneficence», *Organizational Behavior and Human Decision Processes* 128 (2015): 61–73.
5. K. A. Wade-Benzoni *et al.*, «It's Only a Matter of Time: Death, Legacies, and Intergenerational Decisions», *Psychological Science* 23, n.º 7 (2012): 704–709.

Adaptado del contenido publicado en hbr.org,
15 de diciembre de 2016 (producto #H03CE6).

13

Cómo funciona el liderazgo humilde

Dan Cable

Si eres un líder y no estás sacando lo mejor de tus empleados, independientemente de cuánto tiempo lleves en el puesto o del esfuerzo que te haya costado llegar ahí, no eres más que uno de los de arriba. Por desgracia, muchos líderes se olvidan de esto.

El poder, según el estudio de mi compañera Ena Inesi, puede hacer que los líderes se obsesionen demasiado con los resultados y el control, y por lo tanto traten a sus empleados como medios para un fin. En la investigación que yo he realizado he descubierto que esto acelera el miedo de la gente; el miedo a no cumplir con los objetivos, el miedo a perder sus bonificaciones, el miedo a fracasar. En consecuencia, la gente deja de sentir emociones positivas, y su ansia de experimentar y aprender desaparece[1].

Tomemos por ejemplo una empresa de reparto de comida que he estudiado. El compromiso de sus conductores, los cuales reparten leche y pan a millones de clientes cada día, se estaba debilitando al tiempo que la dirección se estaba enfocando cada vez más en los números para reducir los costes y mejorar los tiempos de entrega. Cada semana, los directivos hacían revisiones del rendimiento a los conductores y les presentaban una lista de problemas, quejas y errores que habían anotado en un cuaderno. Esta práctica no era nada estimulante para ninguna de las dos partes. Al final, los conductores —muchos de los cuales llevaban décadas trabajando en la compañía— se resintieron.

Este tipo de liderazgo, desde arriba hacia abajo, está desfasado y además es contraproducente. Si los líderes se concentran demasiado en el control y en los objetivos finales, y no suficientemente en la gente, dificultan la consecución de los objetivos.

La clave consiste en ayudar a la gente a sentirse útil, motivada y enérgica para poder dar lo mejor de sí misma en el trabajo.

Tal y como explico en mi libro *Alive at Work*, hay muchas formas de conseguirlo, pero una de las mejores es adoptar la mentalidad humilde de un líder servicial. Los líderes serviciales consideran que su función es la de servir a sus empleados mientras exploran y crecen, y ofrecerles, además, apoyo emocional.

Hablando claro, los líderes serviciales tienen la humildad, el coraje y la perspicacia para admitir que se pueden beneficiar de la experiencia de otros que tienen menos poder que ellos. Buscan activamente las ideas y contribuciones de los empleados a los que sirven. De esta manera los líderes servidores crean una cultura de aprendizaje y un ambiente que estimula a sus empleados a alcanzar su máximo potencial.

El liderazgo humilde y servicial no quiere decir que los líderes tengan baja autoestima o que adopten una actitud de servilismo; sino que pone de relieve que la responsabilidad de un líder es incrementar la implicación, autonomía y responsabilidad de sus colaboradores, y animarlos a que piensen por sí mismos y que experimenten con sus propias ideas.

Así es cómo lo puedes hacer.

Pregunta a tus empleados cómo puedes ayudarlos a hacer mejor su trabajo y después escúchalos

Aparentemente, es algo sencillo: en lugar de decir a tus empleados cómo han de hacer mejor su trabajo, empieza preguntándoles cómo puedes ayudarlos. Los resultados de esta estrategia son extremadamente útiles.

Piensa en la empresa de reparto de comida que he citado antes. En cuanto el modelo tradicional quedó desfasado por la entrada de otras empresas de reparto nuevas, el equipo directivo decidió que las cosas tenían que cambiar. La compañía tenía que competir con un servicio al cliente excelente, pero para ello el equipo necesitaba el apoyo de los empleados que ofrecían el servicio. Se necesitaban ideas que hicieran a la empresa más competitiva.

Después de reunirse con los consultores de PricewaterhouseCoopers y de hacer una formación, el equipo directivo probó un nuevo formato para sus reuniones semanales de revisión del rendimiento con sus conductores.

¿Cuál fue el nuevo enfoque? En lugar de enumerar los problemas, cada director tenía que formular a los conductores la siguiente pregunta: «¿Cómo te puedo ayudar a ofrecer un servicio excelente?» Según el estudio de Bradley Owens y David Hekman, los líderes necesitan inspirar este tipo de conductas de servicio a los empleados para que éstos, a su vez, atiendan mejor a los clientes[2].

Te puedes imaginar que al principio había mucho escepticismo. A los conductores no les gustaban los directores, y la confianza en ellos era baja. Pero en cuanto los directivos empezaron a preguntarles

«¿cómo puedo ayudarte a ofrecer un servicio excelente?» algunos empezaron a ofrecer sugerencias. Por ejemplo, uno de ellos sugirió nuevos productos como Gogurts y queso en tiras que los padres podrían recibir pronto en sus casas para que sus hijos se los llevaran para comer en el colegio. Otro conductor pensó en una manera de informar más rápidamente de la falta de algún producto para que los clientes no se quedaran sin lo que pedían.

Los pequeños cambios crearon un ciclo virtuoso. Cuando los conductores vieron que se tenía en cuenta su opinión y que se ponían en práctica sus ideas, empezaron a ser más participativos; esto a su vez hizo que mejorara la impresión que tenían de los directores de almacén y confiaran *más en ellos*, lo cual, además, también incrementó el interés de la gente en ofrecer su punto de vista, etc. Por otro lado, los responsables de almacén se dieron cuenta de que algunos de los llamados «errores», en realidad, eran innovaciones que los repartidores habían introducido para facilitar los procesos y hacer las entregas puntualmente. Estas innovaciones ayudaron a la compañía a dar un mejor servicio al cliente.

Todo esto se resume en que los empleados que trabajan para tu empresa generalmente saben mejor que tú cómo hacer un buen trabajo. Respetando sus ideas y animándolos a probar nuevas estrategias para mejorar el trabajo, los motivas a dar más de sí.

Como dijo un director de zona: «Pensábamos que conocíamos a nuestros repartidores a fondo, pero nos hemos dado cuenta de que nos faltaba mucho por aprender. Nuestras reuniones semanales con los clientes son ahora más interactivas y las conversaciones más honestas y adultas. Es difícil explicar con palabras los cambios que estamos viendo».

Crear espacios de bajo riesgo que permitan a los empleados proponer ideas nuevas

A veces lo mejor que pueden hacer los líderes para servir a los empleados —y a su empresa— es crear un espacio de bajo riesgo en el que los empleados puedan experimentar con sus ideas. De este modo, permiten que el personal salga de su zona de confort.

Por ejemplo, cuando Jungkiu Choi se trasladó de Singapur a China para empezar su trabajo como jefe de la banca de consumo en Standard Chartered, sabía que una de las expectativas fundamentales de su nuevo trabajo era visitar las sucursales y apretar a sus directores para reducir los costes. El personal de las sucursales llevaba semanas preparándose ansiosamente para su visita.

Jungkiu cambió la naturaleza de estas visitas. En lugar de enfatizar su poder formal, decidió presentarse en las sucursales sin anunciarse y empezar su visita sirviendo un desayuno a los empleados de estas. Después, Jungkiu hacía unos «corrillos» con los empleados y les preguntaba cómo podía ayudarles a mejorar sus sucursales. Muchos se quedaron tan impresionados que no supieron qué decir. Pero su enfoque acabó eliminando su ansiedad y animándolos a presentar ideas innovadoras.

Otras ideas innovadoras que ofrecieron los empleados fueron más relevantes. Por ejemplo, una de las sucursales de Shanghái estaba dentro de un gran centro comercial. Los empleados le preguntaron a Jungkiu si podían tener el mismo horario que el centro comercial (en lugar de seguir el horario típico de las sucursales de banco). El equipo quería ver qué ocurría si trabajaban los fines de semana. Al cabo de pocos meses, los ingresos de los fines de semana laborales habían superado los ingresos de toda la semana. Esta idea jamás se le hubiera ocurrido a Jungkiu.

Estos experimentos dieron muy buenos resultados en cuanto al rendimiento de la compañía. La satisfacción del cliente se incrementó en un 54 % durante el periodo de dos años que duró el liderazgo de Jungkiu. Las quejas de los clientes, durante ese mismo periodo, se redujeron en un 29 %. El índice de pérdidas de empleados, que había sido el más alto de todos los bancos extranjeros en China, se redujo hasta ser el más bajo de todos.

Sé humilde

Los líderes no suelen darse cuenta de las posibilidades reales que les otorga su cargo, especialmente los de menor rango. Pero cuando los líderes son humildes, muestran respeto y se preguntan cómo pueden servir a los empleados, a la vez que mejoran la empresa, los resultados son sorprendentes. Y quizás más importante que la mejora de los resultados de la compañía, es que los líderes serviciales se comportan como mejores seres humanos.

DAN CABLE es profesor de conducta organizacional en la London Business School. Es autor de *Alive at Work: The Neuroscience of Helping Your People Love What They Do* (Harvard Business Review Press, 2018).

Notas

1. Dan CDan Cable, «Why People Lose Motivation—and What Managers Can Do to Help», hbr.org, 12 de marzo de 2018, https://cutt.ly/QrvxEgg.

2. B. P. Owens y D. R. Hekman, «Modeling How to Grow: An Inductive Examination of Humble Leader Behaviors,- Contingencies, and Outcomes», *Academy of Management Journal* 55, n.º 4 (2012): 787-818.

Adaptado del contenido publicado en hbr.org, 23 de abril de 2018 (producto #04AJO) y *Alive at Work* (producto #10184) de Dan Cable, Harvard Business Review Press, 2018.

Índice

Notas

Notas

Notas

Notas

LAS LEYES DIARIAS de ROBERT GREENE

Durante 25 años, Robert Greene ha ofrecido lecciones sobre aspectos humanos como el poder, la seducción, la estrategia y la psicología. "Las leyes diarias" recopila su sabiduría en 366 meditaciones, una para cada día del año, que abarcan temas como el liderazgo, la adversidad y la productividad, entre otros. Ryan Holiday se inspiró en este libro para escribir su bestseller "Diario para estoicos".

CÓMO CRIAR HIJOS CON FORTALEZA MENTAL de DANIEL AMEN

El Dr. Daniel Amen y el Dr. Charles Fay fusionan neurociencia, amor y lógica en este innovador libro sobre crianza. Proporcionan herramientas prácticas para abordar problemas de comportamiento, ayudando a los niños a ser responsables, resilientes y capaces de tomar buenas decisiones. Los padres aprenderán a fomentar la salud mental y el potencial de sus hijos.

LAS LEYES DE LA NATURALEZA HUMANA de ROBERT GREENE

Del autor de "Las 48 leyes del poder", bestseller del New York Times, llega la nueva obra de Robert Greene, que te ayudará a comprender el comportamiento humano. A través de ejemplos como Pericles y Martin Luther King Jr., Greene ofrece tácticas para desarrollar la empatía, dominar el autocontrol y ver más allá de las apariencias, promoviendo el éxito y la superación personal en diversas áreas de la vida.

EL LIBRO DE LOS ANIMALES Y SUS SECRETOS de DAVID B. AGUS

David B. Agus, autor bestseller del New York Times, explora cómo los animales pueden enseñarnos a vivir vidas más largas, saludables y felices. Ofrece consejos prácticos basados en la naturaleza para mejorar la salud y el bienestar. Esta guía motivadora y reveladora destaca la importancia de la investigación científica y cómo el mundo animal puede inspirarnos para comprender mejor la salud humana.

MEJORA TU CEREBRO CADA DÍA de DANIEL G. AMEN

366 prácticas diarias para mejorar tu cerebro, tu mente y tu vida. Daniel G. Amen, psiquiatra y neurocientífico con más de 40 años de experiencia, comparte hábitos diarios para mejorar el cerebro, potenciar la memoria y aumentar la felicidad. Estos hábitos promueven la gestión de la mente, la superación del estrés, la búsqueda de propósito y el aprendizaje para una vida saludable y exitosa.

INTELIGENCIA EMOCIONAL, 3ª EDICIÓN de HARVARD

La nueva edición revisada y ampliada, con información actualizada por Daniel Goleman y otros investigadores, ofrece herramientas para mejorar el bienestar y la satisfacción personal a través de la gestión emocional. Con un nuevo capítulo sobre el manejo del estrés y las conexiones emocionales en el trabajo, aprenderás a gestionar tus emociones y mejorar tus relaciones.

DIARIO PARA PADRES ESTOICOS de RYAN HOLIDAY

Del autor del bestseller 'Diario para estoicos', presentamos este nuevo libro, especialmente dirigido a aquellas personas interesadas en utilizar las valiosas enseñanzas y principios de la filosofía estoica en la crianza de sus hijos. 'Diario para Padres Estoicos' te brinda una perspectiva fresca y consejos prácticos para cada etapa del emocionante y desafiante viaje en la vida de tus hijos.

PALABRAS MÁGICAS de JONAH BERGER

"Palabras mágicas" nos enseña cómo las palabras que elegimos influyen en los resultados que deseamos lograr. Sumérgete en un fascinante viaje para descubrir el inmenso poder que las palabras y el lenguaje tienen sobre los resultados que quieres alcanzar en tu vida personal y profesional. Aprende a transformar tus habilidades de comunicación para lograr el éxito y alcanzar tus metas de manera efectiva y duradera.

TU MEJOR VERSIÓN EN 12 SEMANAS de SANJAY GUPTA

Una guía transformadora con un enfoque paso a paso para cambiar hábitos arraigados y mejorar nuestra calidad de vida. Al seguir estos consejos, podremos reducir la ansiedad, mejorar el sueño y aumentar la energía, la claridad mental y la resistencia al estrés. Esta guía esencial nos permite adoptar comportamientos saludables y experimentar una transformación en solo 12 semanas.

DIARIO PARA ESTOICOS de RYAN HOLIDAY

Una guía fascinante para transmitir la sabiduría estoica a una nueva generación de lectores y mejorar nuestra calidad de vida. Su Agenda es un complemento perfecto para una reflexión más profunda sobre el estoicismo, así como indicaciones diarias y herramientas estoicas de autogestión.

Disponibles también en formato **e-book.**

Solicita más información en revertemanagement@reverte.com
www.revertemanagement.com
@revertemanagement

Gracias

REM*life*